岩波アクティブ新書　33

リハビリメイク
生きるための技

かづきれいこ

はじめに

本書のタイトルになっている〝リハビリメイク〟とは、熱傷、事故などによる傷、がんや口唇裂《こうしんれつ》・口蓋裂《こうがいれつ》などの手術痕、生まれつきのあざなどによる顔のトラブルをカバーするためのメイクのことです。

ほとんどの方にとって聞き慣れない言葉だと思いますが、単に患部を隠すためのメイクではなく、当事者が自分の顔を受け入れ、社会復帰を果たすためのメイクという意味を込めて私が名づけたものです。

私が美容学校に通ってメイクの勉強を始めたのは、すでに結婚して子どももいた三〇歳の時です。モデルさんや女優さんにメイクをする、いわゆるメイクアップアーチストを目指す人がほとんどの中、私はこう考えていました。

「きれいで元気な人のためのメイクは世の中にいっぱいある。私は、顔のトラブルによって傷つき、気力を失っている人のためのメイクを目指そう」

私自身、二〇代まで、心臓病のせいで冬になると顔が真っ赤になる症状に悩まされていました。その経験から、外観が損なわれたことで生きにくさを感じている人には「生きるための技」として使いこなせるメイクが必要であることを痛感していたのです。

やがて、勉強と研究をかさね、リハビリメイクは私のライフワークとなりました。顔の悩みを抱えた多くの人たちに接する中で私が感じたのは、メイクの技術を磨いただけでは十分な支援はできないのではないかということでした。

顔にトラブルのある人は、そのほとんどが、メイクを習いに来るまでのどこかの時点で何らかの医学的処置を受けています。医療と連携することで、リハビリメイクはもっと当事者の力になれるのではないか。そう考えるようになった私は、積極的に医療の分野に働きかけてきました。

幸いにも「患者さんの満足に結びつくのなら、異なる分野とも積極的に協力していこう」という柔軟な姿勢をもった医療従事者の方たちと出会うことができ、少しずつ連携が実現しつつあります。この本のⅡ章では、ノンフィクションライターの梯《かけはし》久《く》美子《みこ》さんが、医療とメイクをつなぐ試みの〝いま〟をレポートしてくださっています。

顔はその人のアイデンティティと強く結びついており、それが損なわれることは、はかりしれない大きな精神的苦痛をもたらします。顔のことで苦しんでいる人に、これまで十分な支援の手が差しのべられてこなかったことを、この仕事を始めて、あらためて実感させられました。

これまで日本ではほとんど顧みられることのなかった顔の悩みですが、これからはもっと語られ、情報が提供されるべきだと思います。

リハビリメイクを行う施術者を〝フェイシャルセラピスト〟と呼びます。これまでになかった新しい職業であり、ちょうどいい呼び名がなかったために、私自身が名づけました。外観を整えることで心を癒《いや》すのがリハビリメイクの目的です。セラピストという言葉には、メイク技術を研究し教えるだけではなく、当事者の心の苦しみを受け止め、彼らが社会復帰に向けて一歩踏み出すまでの過程をともにするという意味を込めています。

外観が損なわれることの苦しみは、決して他人事《ひとごと》ではありません。私たちみんなが、病気や事故によっていつ当事者になるかわからないのです。この本によって、顔の悩みに光が当てられ、そのケアの必要性を一人でも多くの人々に理解していただければと思っています。

目　次

Ⅱ章　〈ルポ〉リハビリメイクと医療をつなげる

目次

Ⅲ章　リハビリメイクを見てみよう

（Ⅲ章）
写真＝板橋雄一
イラスト＝萩原　慶
資料提供＝ＮＥＣエンジニアリング

Ⅰ章　「顔と心と体」はつながっています

――リハビリメイクはこうして生まれた

リハビリメイクは社会復帰のためのメイクです

今から六年ほど前のことです。私の主宰するメイクスタジオに、顔に熱傷の痕《あと》のある一六歳の少女を連れた看護婦さんがやって来ました。少女は全身熱傷の患者で、数度の手術を終え、退院を控えて運動機能のリハビリを行っている最中だということでした。看護婦さんは私に言いました。

「この子の体のリハビリはもうすぐ終わります。でも、それで退院させていいのでしょうか。私にはそうは思えません。これまでとは違った外観で、この子はこれから暮らしていかなければなりません。普通の生活に戻るために、彼女には体だけでなく、外観のリハビリが必要だと思うのです」

看護婦さんは、退院する前にその少女にメイクを学ばせたいのだと言いました。顔の熱傷の痕が気にならないようにカバーするテクニックを身につけることとは、本人の社会復帰のためのリハビリに他ならないと言うのです。私が怪我《けが》や病気などによって外観が変化した人のためのメイクを〝リハビリメイク〟と名づけたのは、この時の看護婦さんの言葉がもとになっています。

欧米では、傷を隠すための化粧に〝カモフラージュメイク〟という言葉が使われることが多いのですが、〝リハビリメイク〟というネーミングには、カモフラージュ(＝隠す)ことが目的なのではなく、精神面も含めた社会復帰のためのメイクという意味が込められています。

それまでも私は、カルチャースクールや自分のスタジオで一般の人にメイクを教えながら、顔のあざや傷をカバーするメイクを勉強していました。

後述しますが、メディカルメイクアップ(医療の分野に組み込まれたメイク)が進んでいるイギリスの医療機関に出かけて現場を見学し、私自身の脚《あし》にある傷に実際にメイクを施してもらったこともあります。

その看護婦さんも、私のそうした取り組みを知って私のスタジオを訪れたのです。

外観のトラブルによって気力をなくしている人を、少しでも元気にしたい。それが当時の私が願っていたことでした。しかしそこから一歩進んで、自分が目指すメイクが「社会復帰を支援するもの」であるとはっきりと定義づけることができたのは、この出会いがきっかけでした。

心と体にダメージを受けた人が、病院という隔離され守られた場所から一般社会に戻っていく時、さまざまな形での助けが必要とされている。そのひとつに、メイクがあってもいいのではないか。医療とメイクは、実はとても近いところに位置しているのかもしれない――私は目が開かれる思いでした。

日々患者さんと近しく接し、その社会復帰に真剣に取り組んでいるひとりの医療従事者が、私が取り組んできたメイクをリハビリの一環と位置づけた。そのことが、私が医療とメイクの連携に積極的に取り組むひとつの契機となったのです。

生きていくために必要なメイクの情報がない

医療の分野と連携した現在の私の活動としては、まず、複数の大学病院（形成外科および歯科）の外来で、医師がリハビリメイクに適していると判断した患者さんに対して、メイクボランティアを行っています。

これは一九九九年から始めたもので、対象となるのは、熱傷、事故などによる傷、生まれつきのあざ（太田母斑《ぼはん》、血管腫《けっかんしゅ》など）、がんなどの手術痕、口唇裂・口蓋裂の手術痕など多岐に渡ります（**表1参照**）。

また、新潟大学歯学部の非常勤講師を務めているほか、さまざまな大学の医学部から、医学生向けの講演や特別講義に呼んでいただいています。学会やシンポジウムなどで医師の方たちに向けてリハビリメイクと医療についてお話することもあります。こうした機会をいただいた時には、スライドなどでリハビリメイクの効果を説明するほか、必ずメイクの実演をすることにしています。日本ではまだまだ「たかが顔」「たかが化粧」という観念が根強くあります。メイク技術を駆使《くし》すれば外観が非常に自然なものになり、それによ

表１「リハビリメイク」の適応症例

専門科	症状
精神科	うつ病，神経症，更年期障害，摂食障害，醜形恐怖症
形成外科	熱傷後瘢痕，交通外傷後瘢痕，血管腫，母斑，プリングル病，口唇裂，口蓋裂，陳旧性顔面神経麻痺
美容外科	ピーリング，にきび，しみ，たるみ，しわ
皮膚科	アトピー性皮膚炎，にきび，しみ，しわ，膠原病による皮膚症状，母斑，白斑
内科	膠原病，腎不全(透析)

＊上記の症例は，著者のこれまでの経験から適応可能であると考えたものである．

血管腫　単純性血管腫，イチゴ状血管腫などの種類のあるいわゆる「赤あざ」の一種で，顔や体の血管が病的に増殖し，そのため皮膚表面が赤い網目状になったり，強い赤みを帯びたりする．発症の原因は分かっていない．レーザー治療が適応となる．

母斑　「黒あざ」「茶あざ」あるいは「ほくろ」「いぼ」などと呼ばれるさまざまな形態の皮膚病変の一つ．色素性母斑(黒あざ，ほくろ)，扁平母斑(茶あざ)，太田母斑(青あざ)などが代表である．太田母斑は真皮にメラニンが沈着した青黒いあざで，思春期以降に顔の片側，特に額や頰等にあらわれることが一般的．レーザー治療が適応となる．

プリングル病　結節性硬化症ともいう．先天性の病気で特に皮膚と神経系に異常が起こる．顔(頰)に赤みを帯びたにきびのような発疹ができ，それがいくつか集まっていぼのようなものが多発する．

口唇裂，口蓋裂　生まれつき唇に割れ目のある状態を「口唇裂」，口蓋(鼻腔と口の境目)に割れ目がある状態を「口蓋裂」とよぶ．割れ方の程度はさまざま．口唇裂は生後３ヶ月前後，口蓋裂は生後１歳から１歳半で手術をする．現在では治療法が非常に発達している．

陳旧性顔面神経麻痺　顔の筋肉を動かす表情筋群を支配する顔面神経が，けが，腫瘍，手術，ヘルペスウイルスなどによって，最終的に麻痺が残ってしまった状態．

ピーリング　グリコール酸などの化学薬品を使って皮膚の角質層をはがすことにより皮膚の再生を促す方法．しみ，くすみ，にきび痕，しわなどに効果があるとされ，美容外科や皮膚科等で行われている．

膠原病　全身性エリテマトーデス，強皮症，多発性筋炎ほか，本来は外敵に対して攻撃をするはずの免疫機構が自分の体を攻撃してしまうという異常によって起こる病気の総称．紅斑や発疹，皮膚の硬化など，皮膚に症状が現われることが多い．

監修：青木律(日本医科大学附属病院形成外科・美容外科講師)

って患者さんの表情や目の輝きまでが違ってくるということを、医療に従事する人たちに実際に見ていただきたいのです。

二〇〇一年からは、新潟大学歯学部の大学院生となり、医療の中でのメイクの役割について本格的に研究を始めました。同年秋には、リハビリメイクについての論文を医学雑誌に寄稿しています。

最近では、リハビリメイクのことを知った多くの団体から講演の依頼をいただきます。がんや膠原病《こうげんびょう》などの患者さんたちの会、視覚障害者の方たちの会、介護している人たちの会——。思いがけない分野の方たちから声をかけていただくたびに、そして講演後に「元気が出ました」「私たちもきれいになっていいんですね」と言っていただくたびに、「ああ、みんなきれいになりたいんだ。外観を装うことで、人は元気になれるんだ」と、メイクの力を実感します。

こうした医療の分野との直接的な連携の試みがスタートする以前から、私は自分のメイクスタジオで、外観のトラブルを抱えた人たちにメイクを教えてきました。宣伝や広報活動をほとんどしていなかったにもかかわらず、私が載《の》った小さな新聞記事や雑誌記事を手に、全国から本当に大勢の人が訪ねてきました。世の中には顔のことで悩んでいる人がこんなにもいるのかと思うほどでした。

この人たち――自分をよりきれいに見せるための、いわば〝お洒落《しゃれ》メイク〟ではなく、好奇の目で見られたり、外観で差別されないためのメイク、つまり〝日常を生きるためのメイク〟を切実に求めている人たち――にメイクを教える場は、それまでほとんどありませんでした。

世の中には、「若くてきれいな人が、よりきれいになるためのメイク」ばかりがあふれています。でも、本当にメイクを必要としているのは、怪我や病気などで外観にトラブルがあり、そのために元気をなくしている人なのではないでしょうか。ところが、熱傷の人も、手術で傷が残った人も、病気でやつれた人も、生まれつき顔にあざがある人も、どこへ行けば自分に合ったメイクを教えてもらえるのかわかりません。雑誌にも載っていないし、本も出版されていないし、教えてくれる場所も探せない。「生きていくために」必要なメイクの情報を見つける手立てがなかったのです。

私が化粧の勉強を始めた時に学びたかったのも実はこうしたメイクでした。ところが、さんざん探したにもかかわらず、教えてくれるところはひとつもなかった。「もしかして特殊メイクの世界なら——」と思って調べましたが、そこでは「傷を作るメイク」は学べても「傷を隠すメイク」は存在しなかったのです。

これって絶対におかしい。一番切実に必要とされているメイクが、どこにもないなんて！　私が憤りにも似た気持ちになったのは理由があります。かつての私自身が顔にトラブルを抱え、「生きていくために」メイクを必要としていたのです。

メイクと医療の連携を目指す現在の私の活動をわかっていただくために、私の経験を知っていただきたいと思います。

赤い顔を隠したい——私の原点

私は生まれつき心臓を患っていました。ASD（心房中隔欠損症）といって、左右の心房を隔てる壁に穴があり、血液が逆流する病気です。そのため、冬になって気温が下がると、極端に血流が悪くなり、顔が真っ赤になってむくみました。小学校の頃のあだ名は「赤デメキン」。今でこそ笑って話せますが、当時はこう呼ばれることがどんなにつらかったことか。

今、私のスタジオで開いている「リハビリメイク教室」を訪れる人たちが、他人のちょっとした言葉や視線にどんなに傷ついてきたかが、私には痛いほどわかります。私とは別の病気ですが、やはり顔が赤くむくむ症状に悩んできた女性は、八百屋《やおや》のおばさんに「赤いほっぺがリンゴちゃんみたいね」と言われて傷つき、それ以来リンゴの季節には八百屋の前を絶対に通らなかったそうです。通りすがりの男性に、いきなり「ふくれっつらしてるんじゃねえよ!」と怒鳴られたこともあるといいます。「生まれて初めてこの話をします。親にも言えませんでした」と言って彼女は泣きました。

「顔が赤いくらい別にいいじゃない。むしろ、かわいいんじゃない?」と思うかもしれません。私もよくそう言われました。二〇歳を過ぎた大人の女性に「リンゴちゃん」と言った八百屋さんも、きっと悪気はなかったのでしょう。でも、気にしている本人にはグサッとくるのです。顔の悩みのつらさ悲しさは、本人にしかわかりません。

思春期を迎えた私は、まるで二重人格のようになってしまいました。春から夏にかけての顔が白い時期は、明るく楽天的で何事にも意欲的。成績も上がります。それが冬になって顔が赤くなると、とたんに暗くなり、他人を嫉《ねた》んだり、ひがんだり。成績も落ち込み、体調まで悪くなりました。

高校生の頃の日記を見ると、「顔じゃないよ心だよ、なんてウソだ！」と書いてあります。顔の白い夏は男の子からラブレターがたくさん来るのに、冬になって顔が赤くなると眼中に入れてもらえなくなるのです。

中身は同じでも、みんなは顔で態度を変える。なのに、大人たちは「人間は顔じゃない」「顔のことばかり考えていないで、中身を磨きなさい」と言う。世の中の建て前と本音の差を身をもって感じていました。いくら「顔じゃない」と言われ、それが正論だとわかっていても、私の心はちっともラクにならなかったのです。

当時の私にとって、「きれいな人」「素敵な人」とは「顔の白い人」でした。誰を見ても顔が白いかどうかにしか目が行かず、色白の人を見ると「あの人は前世で何かいいことをしたんだろうか」とまで思ったものでした。顔が赤いということにとらわれ、そこからどうしても逃れられなかったんですね。

顔って何なんだろう。顔が赤くなるというただそれだけのことで、どうして心がこんなにつらいんだろうと、私は繰り返し考えました。「顔がいやだと元気じゃなくなる。顔と心って、つながっているんじゃないだろうか」。この時期に芽生えたそんなテーマを、今日まで私は追いかけ続けてきたように思います。

たとえ厚塗りでも、私は化粧で救われた

高校を卒業して短大生になった時、私は「これで赤い顔にさよならできる！」と喜びました。化粧をすれば赤みが隠せるに違いないと思ったのです。今と違って、化粧が許されるのは高校卒業後でした。

冬が近づくと、たくさんの化粧品を買い込みました。ところが、ファンデーションを普通に塗ったのでは赤みは隠れません。いろいろな雑誌のメイク特集を読み漁《あさ》りましたが、流行の化粧や、顔立ちの特徴に合わせた化粧法は紹介されていても、顔が赤い人のための化粧法はどこにも載っていませんでした。

自己流でカバー力の強いファンデーションを塗り重ねれば何とか赤みが隠れましたが、まるでお面のような厚塗りです。われながらとても不自然でした。意を決して、化粧品メーカーのカウンターに行きました。といっても、顔が赤い時期にはとても行けません。自分の顔がコンプレックスになっている人にとって、華やかなデパートの化粧品売り場は、あまりにも敷居《しきい》が高いのです。行くことができたのは、春になって顔が白くなってからでした。

売り場の人に「冬になると、顔が赤くなるんですけど――」と相談すると、グリーンのコントロールカラーを勧められました。女性の方ならご存知でしょうが、コントロールカラーというのは、肌の色を補正するためにファンデーションの下に塗るものです。もちろん私はそれを買いました。

今度こそ大丈夫だ。そう思った私は、冬になるとそのコントロールカラーを塗り、上からファンデーションを塗ってみました。ところが、思ったほどの効果はありません。ただ厚塗りになるだけのような気がしました。しかも、二種類のファンデーションを塗り重ねるために化粧崩れしやすいのです。

時間がたつと、下に塗ったグリーンが浮いてきて、上に塗った肌色のファンデーションと混じり、そこに肌の地色の赤みが加わって、何ともいえないおかしな顔になりました。「まるでゾンビみたい」と悲しくなりました。グリーンのコントロールカラーは、たぶん今でも売られていると思います。色相環上では赤の補色(反対色)は緑だから、それを塗っておけば赤みがカバーできるという発想なんですね。

私の落胆は大きいものでした。こうなったら病院しかないと、勇気を出して皮膚科の門を叩きました。赤いといっても皮膚の病気ではないので、あまり真剣に取り合ってもらえなかったのですが、「熱いお湯と冷たい水で交互に顔を洗いなさい」と言われたので、せっせとその通り実行しました。しかし、やはり効果はありませんでした。

化粧品でも、お医者さんでも解決しない。結局、私は自分で赤い顔を隠すメイクを研究することにしました。試行錯誤《しこうさくご》の甲斐《かい》があって、赤い顔を隠すテクニックはやがて身についてきました。でも、やっぱりどうしても厚塗りになりますし、不自然に白い顔になります。友達から「化粧が厚いよ」「何でそんなに白塗りするの」と言われて傷つきました。一日に何度も化粧直しに立ち、旅行に行ってもみんなより一時間早く起きて化粧をする自分がいやになったこともあります。それでも、顔が赤いよりはずっとましでした。

赤い顔のままでは人前で顔を上げられなかったし、笑えなかった。他人から見れば、もしかすると「そんな化粧ならしないほうがまし」だったかもしれません。でも、私は化粧をすることで心がラクになれたのです。

誰でもない、自分自身が納得できる顔を作れば、心がラクになる。たとえ厚塗りでも、お面みたいに白くても、私が化粧に救われたことに変わりはありません。だから私には、全国からリハビリメイクを習いに私のスタジオにやってくる人たちの必死の思いがよくわかります。「ここでダメだったら死のうと思っていました」とまで言った人もいます。彼女たちに、昔の私が得ることのできなかった情報と技術を与えたい。見た目が自然で短時間でき、化粧崩れせず、顔を上げて歩くことのできるメイク法を提供したいと思うのです。

転機は三〇歳。心臓手術を受けてメイクを学び始めた

短大を卒業して間もない二一歳の時、私は結婚しました。二年後に長男を産み、子育てと主婦業に忙しい毎日の中で、一〇代の頃のようには顔のコンプレックスに悩まされずにすんでいました。それでも冬になると厚化粧をしていたことには変わりありません。

転機は、三〇歳の時にやって来ました。

前年に母ががんで亡くなり、その看病疲れと心労が重なって私は倒れてしまいました。その時に精密検査をし、初めてASDという病名がわかったのです。生まれつき心臓が弱いことはわかっており、無理をしないようにと育てられましたが、私が生まれた当時の医学ではASDという病気であることまではわかりませんでした。

ASDは本来、大人になる前に手術をしなければならない病気です。すぐに手術しないとあと数年の命だと言われ、左右の心房の間にあいた穴をふさぐ手術を受けました。大手術でしたが無事成功し、担当の医師の「これからはまるで羽が生えたように体が軽くなりますよ」という言葉どおり、それまで駅の階段を上るにもひと苦労だったひ弱な体が、驚くほど健康になったのです。

私にとって何より大きかったのは、長い間悩まされてきた顔の赤みから解放されたことでした。夫にはあきれられましたが、放っておいたら死ぬかもしれなかった病気が治ったことよりも、顔が赤くなくなったことのほうが、正直うれしかったのです。

私にも、何かできるかもしれない。一から勉強してみたい。それまで一度も働いたことがなく、主婦という立場に安住していた私の中に、生まれて初めてそんな思いが生まれました。

そして私は、三〇歳にして美容学校に入学し、メイクを学び始めたのです。顔が赤くなったというただそれだけのことで身内にパワーが湧《わ》き、思いを行動に移せたのでした。

「たかが顔」なんかじゃない。顔ってこんなに大事じゃないか――。

私がその後、メイクを仕事にするようになって出会った多くの女性に教えられた顔の大切さ、そして重さ。それを受け止め共感する素地が、この時生まれたように思います。命にかかわるものではないからといって、顔の悩みを軽く受け止めてはいけないことを、私は自分の経験から学んだのです。

メイクの勉強を始めたのは、かつて化粧が私を顔の悩みから救ってくれたからですが、同時に、化粧しないと外に出られなかった私は、そのわずらわしさやうっとうしさもよく知っていました。

化粧で顔を隠していた頃は、厚塗りしていましたからベタベタしますし、汗をかくとすぐに崩れてきました。すると、そのベタつく感触や「崩れたらどうしよう」という不安感によって「私はこんなに厚塗りしないといけないほど、顔が赤いんだ」ということを改めて思い知らされてつらくなるのです。そして何より、厚化粧は同性からも異性からも嫌われます。「女の子は素顔が一番」という言葉を聞くたびに、どんなに悲しい思いをしたことでしょう。最大の救いであるとともに、最高の負担であるもの。それが私にとっての化粧でした。

だから、その負担の部分を取り去りたかった。厚塗りせずに顔のトラブルがしっかりカバーできて、しかも崩れにくいメイクを学ぼうと思い立ったのです。今までは自己流だったけれど、きちんと勉強してプロになれば、それができるようになる。自分の顔はもう赤くないからカバーする必要はないけれど、昔の私と同じ悩みを持つ人の役には立てるのではないか。そう考えたのでした。

メイクスタジオ設立――みんながきれいになれる場所を作る

けれども、前述したように、顔のトラブルをカバーするメイクを勉強できる場所はありませんでした。一〇代の同級生と机を並べて学んだ美容学校を卒業した後、私はいくつかのメイクスクールに通いました。でも、どこで教えられたのも、ファッショナブルな流行の顔や、欧米人のように彫りの深い顔を作る方法ばかり。一緒に学んでいた若い人たちはみんな、モデルや女優にメイクをする、いわゆるメイクアップアーチストを目指していました。

メイクの仕事を始めたのは、三五歳の時です。当時住んでいた関西のカルチャースクールに単身売り込みに行って、講座を持たせてもらいました。顔にトラブルのある人のためのメイク、という目標はとりあえず棚上げせざるを得ませんでしたが、アートとしてのメイクではなく、普通の女性たちを元気にするメイクを追求する姿勢は貫こうと思ったのです。

カルチャースクールで教えたことが、結果的には後のリハビリメイクへの道を開いてくれました。私のメイク講座には、一〇代から七〇代まで、実にさまざまな生徒さんがやってきました。小さい目や低い鼻にコンプレックスを感じている人、ニキビやアトピーに悩んでいる人、老化によるしみやたるみによって落ち込んでいる人――。

彼女たちは言いました。雑誌に載っているきれいなモデルさんのメイクは自分たちの悩みに応えてくれないし、完璧に化粧をした美容部員のお姉さんがいるカウンターには、気後れしてしまって相談に行けない、と。

かつての私と同じような人が、ここにはたくさんいました。そんな彼女たちが、カルチャースクールになら気楽にメイクを教わりに来ることができるというのです。ちなみに当時のカルチャースクールにメイク講座はなく、私の講座がおそらく日本で初めてのものだったと思います。そのうちに、顔にあざや傷のある人も、ちらほらと習いにやって来てくれるようになりました。彼女たちと接しながら、私は現在のリハビリメイクにつながる技術を開発していったのです。

この頃から私は、日本ではあらゆるメディアでまるで美が正義であるかのように扱われ、きれいでなければいけないというプレッシャーがとても強いにもかかわらず、きれいになるための入り口があまりにも狭すぎるのではないかと思い始めました。それならば、顔にトラブルのある人もない人も、みんながメイクを学べる場所を作ろうと思い立ち、現在のメイクスタジオを設立したのです。

ちなみに私のスタジオは、当初、東京・青山にありました。現在の四谷に移したのは、顔にあざのある生徒さんが、毎回、始発電車に乗ってやって来ていることを知ったのがきっかけです。「乗客の少ない始発電車なら、自分の顔を他人に見られなくてすむから」――その言葉を聞いた時、私は自分が冬になると顔が真っ赤になっていた頃の気持ちを忘れていたと反省しました。

外観が原因で心が弱っている人にとって、にぎやかな場所にやって来るのはとても勇気がいることなのです。「きれい」の敷居を低くしようと思って始めたスタジオなのに、青山という立地は華やかすぎる。そう気づいて、地方からやって来る人の足の便も考え、東京駅から一本で来られる四谷に移転したのでした。

リハビリメイクは日本人に合うように開発した独自の技術です

熱傷の痕や傷をカバーするメイクを自分なりに試行錯誤していた時、私は一冊の本に出会いました。『化粧の心理学』(ジーン・アン・グラハム、アルバート・M・クリグマン監修/早川律子訳・監修、週刊粧業、一九八八年)という、イギリスで出版された本です。この本によって私は、イギリスでは一九七〇年代から、赤十字社によって、顔に残った傷やあざ、熱傷の痕などをカバーする〝カモフラージュメイク〟が行われていることを知ったのです。

求めていた技術はイギリスにあったのだと感激した私は、さっそく渡英してイギリス赤十字社に見学に行きました。一九九五年のことです。

イギリス赤十字社の活動はボランティアで成り立っています。私はカモフラージュメイクのスライドを見せてもらい、その後、一六針縫った傷のある自分の脚に実際にメイクを施してもらいました。年配の上品な女性が足下にひざまずいて一心にメイクをしてくださるのを見て、胸が熱くなりました。

でもお国柄なのでしょうか、メイク技術のレベルはお世辞にも高いとはいえないものでした。ひとことで言って、大雑把《おおざっぱ》なのです。メイクが医療の中に組み込まれていることや、ボランティア精神には感動しましたが、メイク技術そのものは参考にはなりませんでした。

その後、リハビリメイクの技術を自分なりに確立してから、アメリカのペンシルベニア大学にもカモフラージュメイクの見学に出かけましたが、ここでも、メイク技術は日本人の繊細な感覚を満足させることができるものではないと感じました。ただし、患者を退院させる前に、外観のケアを含めた社会復帰の支援を徹底的に行うシステムは大いに参考になりました。

欧米のカモフラージュメイクが技術面のお手本にならないということは、日本人に合った技術を自分で開発しなければならないということでした。ですから、私のメイクの先生は、これまでメイクをさせてもらった患者さんひとりひとりだということになります。

医療の分野に積極的に関わっていこうと決めてから、大学病院の先生をはじめとする医療関係者の方たちの前でデモンストレーションをする機会が増えました。さまざまな症例に対応できるリハビリメイクの技術を見て多くの方たちが驚き、これならば患者さんのためになると医療の現場にメイクを導入する判断を下してくださいました。お手本もなく教えてくれる人もいない中で、私がこれらの技術を身につけられたのは、全国から私の小さなメイクスタジオに通って来てくれた人たちのおかげです。

私はこれまで、一万人を超える女性たちにメイクをしてきました（最近では男性も増えています）。全身熱傷でつらい手術を何度も受け、退院したら私のスタジオにメイクを習いにこようと、それを心の支えにしていたという一〇代の女の子。生まれつきあざがあり「私は気にしていないんですけど、じろじろ見られるのがうっとうしいんでメイクを習いに来ました！」と明るく話してくれた女性。二〇年前の交通事故でフロントガラスに突っ込み、今も顔の皮膚からガラスのかけらが出てくるという主婦。公園でいきなり犬に顔を噛《か》まれ「怖かったけど、肉ごと噛み切られなくてよかった」と話すＯＬさん。熱傷の原因を作ったことを悔やむ夫に、きれいな顔を見せて安心させてあげたいと言ってやって来たおばあちゃん。口唇裂の手術痕のカバーにやって来て「傷が隠れたことより、この眉《まゆ》が嬉しい！　こういう眉にしたかったんだ」と喜んだ女子大生――。全員が私に、どんな症例にも対応できる技術と、元気に生きるパワーを授けてくれたのです。

それにしても、顔のトラブルを抱えている人がこんなにたくさんいるのに、街でそうした人を見かけることが非常に少ないことが気にかかります。他人と違う外観を持つ人に冷たい社会、そして、傷が治ったら「はい、退院してください」と、その社会に放り出す医療システム――。そんな中で、外出する勇気が持てず、家に引きこもって暮らしている人が大勢いるのです。

もうひとつ、彼女たちと接していて私がいつも思うのは、不慮の出来事や病気などによって外観が変わってしまうことは、どんな人にでも起こりうるということです。それなのに、ほとんどの人はそんな可能性を考えもしません。そして、そうした人を見ても「私には関係ない」「自分のことじゃないから興味ない」と無関心のままなのです。

私のところに来る患者さんは、みんな言います。「まさか、この私がなるとは思わなかった」と。心構えがないから知識も情報もなく、いざとなったらどうしていいかわからないのです。

見たくないものは見ないし、自分が当事者でないことのためには力を貸さない。そんな人が多いから、顔のトラブルがいつまでたっても世の中に認知されず、これまで支援の手が差し伸べられてこなかったのです。

私は思うんです。もっと、他人の苦しみに目を向けるべきだと。今現在は当事者ではない人が「自分もいつそうなるかわからない」と関心を持ってはじめて、いざという時はどうしたらいいかについての情報が世の中に行き渡り、「何があっても大丈夫、何とかなる」と思えるようになるのではないでしょうか。

リハビリメイクと医療が連携してこそ意味を持ちます

自分自身が顔のことで悩み、同じつらさを抱える多くの人たちにメイクをしてきた私は、機会があるごとに、「顔と心と体はつながっている」と主張しています。病院に行けば、顔と心と体は別のものとして扱われます。けれども顔の悩みは、この三者を切り離して考えていては解決できないのです。

このことを痛感させられる出来事が、今から一〇年ほど前に起こりました。顔に悩みを持つ人たちのためのメイクを志しながらも、まだその技術が完成しておらず、リハビリメイクという言葉も生まれていなかった頃のことです。

私が講座を持っていた東京のカルチャースクールに、二〇代前半の女性がメイクを習いに来ました。一番前の席にうつむいて座っていた彼女の顔には、激しい隆起と赤みがありました。一〇代で発病した難病のせいだということでした。

顔の色を均一にすることは、それほど難しいことではありません。けれども凹凸《おうとつ》をカバーしてなめらかに見せることは、メイクでは限界があるのです。私は彼女に自分のスタジオに来てもらい、当時の私の持てる限りの技術を尽くしてメイクをしました。彼女は喜んでくれましたが、私にとって満足できる結果ではありませんでした。

その後、何とかしてきれいな肌になりたい、病院で処置を受けることはできないだろうかという彼女の要望を受け、知り合いの形成外科を紹介しました。彼女に関しては自分のメイクの力の限界を感じていたこともあり、医師に任せれば良い結果が得られるのではないかと思ったのです。

彼女は手術によって、いったんはなめらかな肌になったものの、数ヶ月もすると、また凹凸が出てきてしまいました。もともとの病気が治らない限り、手術をしてもまた同じことの繰り返しだということがわかったのです。彼女は落ち込み、病気の悪化もあって、次第に精神状態が不安定になっていきました。
頻繁《ひんぱん》に電話がかかってくるようになり、心配した私はなるべく相談に乗るようにしていました。顔のせいでなかなか就職できないという彼女に、私のスタジオでアルバイトをしてはどうかと勧めたこともあります。何日かは張り切って働いてくれたのですが、病気のために体調が思わしくないこともあり、残念ながら長続きしませんでした。

その後、手術を担当してくれた形成外科医が知り合いの精神科医を紹介したと聞き、正直ホッとしました。心の専門家ならば何とかしてくれるに違いないと思ったのです。電話もかかってこなくなったので、少なくとも精神状態に関しては、良い方向に向かっていると思っていました。

ところが一年ほどして、再び悲痛な声で電話が来るようになりました。「睡眠薬を処方してもらっているけれど眠れない」と訴えるのです。それからまもなくして、彼女は自ら命を絶ってしまいました。

この出来事は、私にとって本当にショックでした。自分のメイクの力が及ばなかったことに責任を感じたのはもちろんですが、もうひとつ、痛切な後悔がありました。それは、メイクと形成外科と精神科がばらばらに接してしまったことです。私には医療の側に彼女を託したという安心感があり、そのため、彼女の社会復帰を最後まで支援するという心構えが欠けてしまいました。

彼女には、結果的に「顔」「体」「心」という三人の専門家が関わったことになります。そこだけを見れば、メイクと医療が協力し合ったように思えますが、まるでリレーのように患者さんを受け渡すだけではだめなのです。三者が情報を交換し合い、一緒になって一人の患者さんと向き合わなくては意味がありません。

彼女を救えなかったことへの反省は、その後もずっと心にありました。いつか、メイクと医療を、患者さんにとってもっと良い形でつなぐことができないだろうかと思い続けてきたのです。

「顔と心と体」研究会を発足する

一九九九年から大学病院の外来にリハビリメイクが取り入れられたことで、医療の中にメイクが入っていく第一歩は実現しましたが、さらに私はもうひとつ別のアプローチを考えていました。それは、顔、心、体のそれぞれの専門家が連携し、顔の悩みを抱えた人をどうやって支援するかを考え実践する場を作ることでした。

自殺した女性のような人を二度と出さないために、医療とメイクの垣根を越えて、つらい思いをしている人の満足を第一に考える機会があってもよいのではないか。そこに患者さん自身も参加すれば、当事者の声を医療の側に届けることができる――こうした考えから、二〇〇〇年七月、医療の分野の専門家に呼びかけ、「顔と心と体」研究会を発足させたのです。

顔が気になる日は心が暗い。心が暗いと体がつらい――。これは、顔と心と体の関係を説明する時に、私がよく使うフレーズです。顔にトラブルのある人でなくても、思い当たることではないでしょうか。

この会は、形成外科、歯科、内科、皮膚科、精神科などの各医療分野の医師、心理学や教育学、福祉の専門家、そして私自身をはじめとするリハビリメイクの専門家が情報交換をし、ともに学びあうことを目的に生まれました。

会員には、こうした医療とメイクの専門家だけでなく、社会復帰を果たしたかつての患者さん、現在顔の悩みと闘っている患者さん、そして「顔」に興味を持つ一般の人と、さまざまな方たちがいます。美容師さんや看護師さん、また、これからリハビリメイクを学んでみたいと思っている方たちも数多く参加しています。

二〇〇二年四月で五回を数えた公開講座では、毎回テーマを決めて基調講演やシンポジウムを行っています。シンポジウムには必ず患者さんも参加し、当事者としての意見や要望を述べます。

この研究会の特色は、患者さんを含む会員のすべてが対等な立場で参加していること。普段、医療従事者には届きにくい患者側の実感を直接訴える場にもなっています。医師や専門家はすべてボランティア参加です。毎回の公開講座の後に行われる交流会では、いつもは病院で白衣を着たお医者さんには言えないことも、どんどん質問したり意見をぶつけたりできます。

私がすばらしいと思うのは、各分野の先端を行く医師たちが、医学にも限界があることを理解してくださり、患者さんのために何が必要で何が足りないのかを真摯《しんし》な姿勢で学ぼうとしていることです。専門の垣根を越えて協力しあおうという機運が生まれつつある背景には、現状のままでは顔の悩みは救えないことを、医療の現場で医師たちが気づきつつあることがあるのでしょう。

この研究会の活動を、医療とメイクのネットワークを作っていくためのひとつの軸《じく》にしていきたいと考えています。

医療の中でのメイクに必要とされること

実際にリハビリメイクを施すにあたって大切なことは、メイクが、それを行う側の自己満足に終わってはならないということです。

いくら客観的に見て美しい顔にメイクアップしたとしても、それが患者さん自身が望んでいる顔でなければ意味がありません。ですからメイクをする側は、施術の際に患者さんと話をする中で、本人の生活パターンや価値観、美的感覚までをつかみ取る能力が必要とされます。表情や話し方、髪型や服装などから判断することも大切です。時には傷を受ける前の写真を見せてもらい、そこから本人にどんなメイクが適しているのか判断することもあります。

また、高い技術を駆使して患部を隠し、ポイントメイクなどによって本人の魅力を引き出すことにも成功したとしても、それが本人自身がとてもできないような複雑すぎるメイクであってはいけません。他人からやってもらった時だけきれいになれるのではなく、納得できる顔を自分の手で作れるところに、社会復帰のツールとしてのメイクの意味があるのですから。

特に、熱傷の患者さんの場合、手指に障害が残ることがあります。リハビリメイクは、病院の外来に来たその日だけやってもらって満足するためのメイクではありません。本人が毎日できるメイクを考え、教えていくことが必要なのです。ひとりひとりに合わせ、その人が自分自身でどこまでできるのかまでを見極めた上で、オーダーメイドのメイクを毎回創造する。それが、医療の中でのメイクに要請されることであり、アートとしてのメイクとの違いなのです。

また、〝完璧《かんぺき》に隠す〟ことの落とし穴も、医療の中でのメイクに携わる者は知っておかなければなりません。

たとえば若い女性のあざをほぼ完璧に隠したとします。現在のリハビリメイクの技術をもってすれば、かなり近づいてもわからないくらいに隠すことはできます。そうすると、実際にあった例ですが、恋人ができてプロポーズされても、かたくなに拒むといったことが起こります。あざのある素顔を見せたくないというのです。「あざがあると相手が知らないということは、同情されていないということ。だからこそ恋愛関係が成立した。一緒に暮らせばあざのあることがわかってしまう。それでも愛情は冷めないかもしれないが、一生同情されて暮らしていくのはいやだ」と彼女は言いました。

このように、完璧に隠し通すのは、本人の心にとってむしろ危険なことがあります。傷を隠した顔は受け容れられるけれど、傷のある素顔は受け容れられない、といったことも起こりかねません。

ですからリハビリメイクでは、初回は患部をしっかりとカバーして「隠そうと思えばここまで隠せる」ということを見せますが、その後は本人が患部を隠すことばかりに神経を集中しないよう、徐々に患部を薄くしていき、ポイントを変えていきます。そして本人が素顔を見ても気にならなくなった時が本当の社会復帰なのです。

医療とメイクをつなぐ人材を育てたい

このように、医療と連携した形で行うメイクでは、施術者に従来のメイクとは違った能力や判断力が要求されます。顔にダメージを受けた人は心が傷ついていますので、施術する側のカウンセリング能力も必須《ひっす》と言えるでしょう。

メイクの技術と、セラピストとしての能力。その両方を兼ね備えた人材を育成することが、医療とメイクをつなぐために今もっとも大切なことなのです。

リハビリメイクの存在と有効性は徐々に知られつつあり、医療機関からリハビリメイクを行える人材を派遣してほしいという要望が相次いでいますが、なかなか応えられないでいるのが実情です。

現在、医療機関でリハビリメイクを行えるレベルに達している者は、私自身を含めまだ数名しかおらず、人材の育成に全力を注いでいるところです。私が主宰するスタジオで現在プロを目指して約二〇〇名が学んでいますが、単に知識や技術だけではなく人間性の深さが重要である点では、医療に携わる人材と共通の資質が求められます。

現在は、私のスタジオ独自の検定制度を設けていますが、将来的には正式な教育機関を設立し、有能な人材を持続的に世の中に送り出すシステムを確立する必要性を強く感じています。また、今後メイクがその地位を高め、医療従事者と対等の立場で患者さんのケアに従事していくためには、より公的な性格を持つ、厳正な検定試験も必要となってくるでしょう。

顔に熱傷の痕や傷、あざなどのある人たちが、なかなか就職することができない現状を私は多く目にしてきました。突然の事故などで受傷した場合、傷そのものは治っても、見た目の醜状のために元の職場に復帰できないこともあります。

そうした人たちの中に、リハビリメイクの仕事を志して学ぶ人が増えてきました。自分自身がリハビリメイクを受けたのをきっかけに「同じ悩みを持つ人の力になりたい」と考えるに至ったというのです。

リハビリメイクの現場における私自身の経験に照らし合わせてみても、顔の苦しみを克服した人が、同じ悩みを持つ人に施術を行うことには大きな意味があると感じます。社会復帰に対して悲観的になっている患者にとって、同じ境遇の人が職業を持ち自立している姿に接することは、精神的にプラスの影響を与えます。

そして何よりも、自分の苦しみを克服してきた人は、今現在苦しんでいる人の心の中にスッと入っていくことができるのです。これは、リハビリメイクの施術者にとって重要な資質です。

もちろん、リハビリメイクにはあらゆる背景や資質を持つ幅広い人材が要請されているのであって、顔にトラブルがある人が特に優遇されるべき理由はありません。しかし、多くの患者さんが外観が理由で就職の機会を逸し、それが社会復帰の大きな障害となっている現実を目の当たりにする時、彼らが経験し克服してきた〝痛み〟をポジティブな方向で役立てることができるこの仕事に大きな可能性を感じます。

フェイシャルセラピストは、これまでになかった新しい職業です。医療と非医療が垣根を越えて手をたずさえ、患者さんの満足を目指す体制づくりが、メイクと医療をつなぐこの新しい仕事によって少しでも前進することを願わずにいられません。

Ⅱ章　〈ルポ〉リハビリメイクと医療をつなげる

社会復帰を支えるために

東京・四谷にあるかづきれいこ氏のメイクスタジオで、月に一度行われている「リハビリメイク教室」。ここには、熱傷や交通事故による瘢痕《はんこん》（傷あと）、血管腫や太田母斑《ぼはん》といった生まれつきのあざ、口唇裂や頭頸部がんの手術痕など、外観に悩みを抱えた人たちが全国からメイクを習いにやってくる。

かづき氏が直接メイクを教えるこの教室では、五〜六名が一緒に指導を受ける。自分自身のためのメイク法を教わるだけでなく、同じ悩みを抱える人たちの声に耳を傾け、メイクによって生きる力を取り戻す過程を全員で共有するのである。これまで同じ境遇の人に出会うことなく暮らしてきて「なぜ自分だけが」と思ってきた人たちが、ここで初めて、親にも言えなかった悲しみを分かち合う経験をする。

ファンデーションで傷痕をカバーし、眉を整え、口紅をさす。肌にハリが出て目が輝き、その人本来の美しさが前面に出てくる。初回の授業では、かづき氏はメイクのプロセスを本人に見せない。メイクが完成し、初めて鏡を前にした時、本人の顔が、まるでぱっと日が射したかのように輝く。その瞬間、笑い出す人もいれば泣き出す人もいる。

他の人のこうしたプロセスを見ることそのものがセラピーの役割を果たしていることが、教室の後ろの方から見ていてもよくわかる。最初はうつむいて丸まっていた背筋が次第に伸び、やがてメイクする手元をよく見ようと誰もが身を乗り出す。入ってきた時は周囲と目を合わせず下を向いていた人が、教室を後にする時には顔を上げている。小学校の教室ほどの大きさのこの部屋こそが、メイクと医療を結びつけるきっかけとなった、いわば原点ともいえる場所である。

かづき氏は現在、日本医科大学、東京大学医学部、東京医科歯科大学、新潟大学歯学部、日本歯科大学の各付属病院でメイクを行っている。自分自身が幼少時から二〇代まで心臓病による顔の赤みに悩んできたこともあり、メイクを学び始めた当初から、顔にトラブルを抱えた人のためのメイクを志してきた。カルチャーセンターやメイク教室で希望者に傷をカバーするメイクを教えるところから一歩踏み出し、「医療機関の中にメイクによって社会復帰を支援する場が必要」と考えるようになったのは、全国各地からすがるような思いでこのリハビリメイク教室にやってきた多くの女性たちに接したことからだった。

「命が助かったのだから、たかが顔のことでくよくよしてはいけない」「人間、見かけじゃなくて心が大事」――。そんな世の中の〝正論〟に対して声をあげられず、悲しみを押し殺して暮らしてきた女性たち。顔の悩みは心に影を落とし、日常の行動を制限する。心ない視線や言葉に出会うたびに傷つけられ、外に出る意欲がそがれていく。自分では気にせず、普通に生活している人にとっても、たとえば就職ひとつとってみても、高い壁が存在する。

これが本当に〝健康な生活〟と言えるのだろうか。医療の役割は傷を治すところまでで、その後何のフォローもなく世の中に放り出されてしまうことは、「仕方のないこと」なのだろうか――。かづき氏は著書や論文、講演、研究会や学会での発言などを通し、機会があるごとに医療の世界に向かってそう問いかけた。その結果、これまで医療・美容のどちらの分野からも「守備範囲外」として置き去りにされてきた顔の悩みに手を差し伸べる動きが、医療の世界で始まりかけている。

メイクと医療の連携は、外科的手法で外観の修復を行う形成外科から始まり、精神科、がん医療そしてターミナルケアの分野にも及びつつある。各分野で現在どういった取り組みがなされているのかをレポートするとともに、メイクと医療をつなぐ試みが医療の枠組みをどう変え、患者に何をもたらすのかを探っていきたい。

1　治療《キュア》からケアへ――形成外科との連携

患者本位の医療を目指して

新聞記事でリハビリメイクのことを知り、五年前の交通事故で顔に残った傷をカバーしようとかづき氏の教室にやってきた三〇代の女性に話を聞いた時、彼女はこう言った。

「お医者さんは命を助けてくれたし、顔の傷も一生懸命治してくれた。でも、これ以上は傷がきれいにならないというところまできたら、傷なんか大したことないという態度になったんです。〝命が助かってよかった〟と言うばかりで……。気を遣ってくれていたのかもしれないけれど、私としては、顔のことで不安がいっぱいなのに、それを言える雰囲気じゃなくてつらかった」

他の生徒からもたびたび耳にしたこうした言葉は、医療従事者への批判としてではなく、むしろ医療が今後他の分野の専門家を取り込み、その枠を広げていく可能性を残していることを示唆するものとして受け止められるべきだろう。

病気や怪我だけにフォーカスするのではなく、患者という〝人間〟を見てそのクオリティ・オブ・ライフ(生活の質。以下、QOL)の向上を考えると、医師だけではできないこともある。医療の現場でメイクが実際にどういった形で役に立っているのかを見ていくことで、患者に対する多角的な支援のあり方が見えてくるのではないだろうか。

リハビリメイクの効用がもっともわかりやすく目に見えるのは、熱傷を含む外傷やあざ、口唇裂・口蓋裂、腫瘍《しゅよう》切除後の傷や変形などを対象に、外科的な処置によって外観の正常化を目指す形成外科の分野である。

日本医科大学付属病院形成外科は、もっとも早くからリハビリメイクとの連携を始めた医療機関のひとつだ。スタートは二〇〇〇年。きっかけは、その年の九月に開催された第二三回日本美容外科学会総会で、かづき氏がメイクアップと医療についての講演を行ったことであった。以後、月に一回、かづき氏が医師と同席し、外来患者にリハビリメイクを施している。これまでに約五〇名の患者にメイク指導を行ってきた。

同大学付属病院形成外科・美容外科講師の青木《あおき》律《りつ》医師は、リハビリメイクを外来診療に取り入れた理由を、

「患者さんの満足をどう導くかという面で、われわれ医療従事者がなかなか解決できなかった悩みに対する方法論として、メイクに大きな可能性があると判断したから」

と語る。

青木医師の言う「医療従事者の悩み」とは、医学的な意味での治療が完了しても、その後の患者の社会復帰にたいへんな困難がともなうことである。医学の発達によって、以前なら死を免れ得なかったような大きな怪我や重度の熱傷でも、患者は生命を取りとめることができるようになった。そのこと自体はもちろん大きな福音である。しかし一方で、患者が重い後遺症を負い、日常生活に必要な機能やもともと持っていた外観を失った状態で、その後の人生を生きていかなければならないケースが増えてきた。

医療チームは持てる知識と技術を尽くして生命を救うが、その後の患者の人生は非常に困難な道のりとなることが多い。日本医科大学付属病院は高度救命救急センターを備え、

広範囲熱傷の患者や交通事故で大怪我を負った患者が多く搬送されてくる。そのため特に、この問題に直面してこざるを得なかった。他の医療機関に先駆けてこの病院がメイクという手段を取り入れた背景には、本当によい治療、患者のためになる治療とはいったい何なのだろうかという、現場の経験に根ざした切実な問いかけがある。

退院後の患者の生活のＱＯＬの向上のために、これまでとは違った角度から、医療機関にできる支援の方策はないものだろうか――そんな模索の方向性と、外観を整えることで社会復帰を支えるリハビリメイクの理念が一致したのである。

メイクの有効性はどこにあるか

「たとえば、うちで扱うことの多い広範囲熱傷にしても、機能を回復するための治療は、非常に進歩しているんです」

と青木医師は説明する。

熱傷の場合、傷が治った後に、首や関節部などに瘢痕拘縮《はんこんこうしゅく》と呼ばれるひきつれが起こる。

そういう時、「車の運転ができるように、手術とリハビリで首をきちんと動かせるようにする」といったことは可能な場合が多いという。けれども、顔にひどい痕が残ったとすると、たとえば機能そのものは車の運転ができるまでに回復したとしても、結局は社会復帰できないということになりかねない。その人がそれまでいた職場が受け入れてくれるのかという問題もある。営業職やサービス業では難しいこともある。

また、それ以前の問題も存在する。ある日突然変化してしまった容貌を本人がなかなか受け入れることができないのだ。買い物に行ったり近所づきあいをしたりという日常生活を営むことさえ難しい場合が多いという。

もちろん、機能だけでなく外観を回復させるための手術のレベルも向上しているが、こちらはまだ本人の望むレベルとかなりギャップがあるのが現状である。

青木医師によれば、広範囲熱傷の患者で、職場に復帰し経済的に自立できたのは、同医師の集計で三～四割。残りの人々は、労災保険などの各種保険で生活していくしかない。生活保護を受けている人も少なくないという。

「ひとことで社会復帰と言ってもさまざまなレベルがあります。まず家族、次に友人、そして職場、さらに世間全般と、その人の社会復帰の範囲が広がっていくわけですが、患者さんを見ていると、家族、友人までは問題がなくても、その次の職場レベルの復帰となると非常に難しいことがわかります」

職場は、心を開ける人とだけ接していればいい場ではない。気持ちの交流のない人や初対面の人に「どう見られるか」が非常に不安なのが患者の心理だ。その内面の不安を克服し、また、外からも好奇の目で見られないための手段として、青木医師らはメイクの有効性に着目したのである。

青木医師によれば、医師から見たメイクのよい点は二つある。

①メイクによって、患部の状態がそれ以上ひどくなることはないこと。

②痛みがないこと。

シンプルだが、重要なことだという。

①について補足すると、手術の場合は治りきるまでに一過性だが傷がひどくなることがある。また、本人の体質などにより、結果が思わしくないこともある。

同様に②についても、たとえば熱傷の場合、手術が一度ですむことはほとんどなく、複数回繰り返すため、患者の負担が大きい。その割には、傷がゼロになるわけではない。これに対して、傷が悪化することも、痛みがともなうこともないメイクは「少なくとも患者さんにとってマイナスにはならない、やってみて損はない試み」なのである。

実際の患者の満足度はどうなのだろうか。

「非常に高いものがあります。だからこそ、外来でのリハビリメイクをここまで続けてきましたし、他の大学病院でも取り入れられているのだと思います」

と青木医師。

筆者も同病院でかづき氏のリハビリメイクを見学したが、熱傷、あざ、怪我による傷痕のどの患者についても、「メイクでここまで自然にカバーできるのか」と驚嘆するほどの仕上がりだった。しかも、カバーメイクにつきものの厚塗りという印象がない。それが一〇分から一五分という短時間で仕上がるのだ（本人が行う場合は、最初はもっと時間がかかる）。

熱傷に関しては、皮膚の凹凸が激しい場合はほぼなめらかな質感になったとは言いがたいが、一～二メートルも離れればわからないし、色の調子の違いはほぼ均一にカバーされていた。あざや細かい傷などは、かなり近づいても、その存在にほとんど気がつかない仕上がりだった。

男性へのメイクも見学したが、ファンデーションを塗っているという不自然さはほとんど感じさせない。むしろ顔色がよくなり、精悍《せいかん》な印象になる場合もあった。

試行錯誤を重ねてみずから開発したという、あざやかな黄色のファンデーションを使用するのが、かづき氏のメイクの大きな特徴だ。このファンデーションをはじめ、数種類のファンデーションを混ぜながら、その人の患部の色や質感に合ったメイクを施していく。皮膚に段差のある部分には、メイク用のスポンジだけではなく筆も使って塗る。

リハビリメイクが傷をカバーしながらも「化粧しています」という感じがなく、子どもや男性にも適しているのは、独自のテクニックに加え、このファンデーションの力が大きいという。

隠すのではなく、傷のある自分を受け入れる

リハビリメイクのプロセスを見学していてもっとも印象的だったのは、かづき氏が力を

注いでいるのが「患部をカバーする」ことだけではないことだ。

患者が女性の場合、眉を整え、アイメイクを施し、口紅を塗る。すると、それまで見えなかったその人の魅力が前に出てくる。

「患部だけに集中するのではなく、その人の顔全体を若々しく、きれいに見せるメイクをします。これって、とても大切なことなんです。私はいつも言っているのですが、リハビリメイクの目標は、決して〝隠す〟ことではありません。自分の顔を〝あ、きれい〟と思い、好きになった時に初めて、患部が気にならなくなります」

きれいな部分に目が行くのが人間だとかづき氏は言う。傷やあざを気にしている患者は、鏡を見た時、どうしてもその部分だけに目が行く。患部を気にしていればいるほど、他の部分は見えないも同然になるのだ。

しかし、その人がもともと持っている「美しい部分」を強調すれば、視線はそちらに移る。その結果、本人も周囲も、患部にそれほど目が行かなくなる。

だから、リハビリメイクの専門家（フェイシャルセラピスト）には、患部を隠す技術だけでなく、相手と向き合った時、その人ならではの〝美〟がどこにあるのかを瞬時にして見極め、それを引き出す能力も必要になる。つまり、患部を見るのではなく、その人全体を見る目を持たなければならない。

化粧で患部を隠す、いわゆる〝カモフラージュメイク〟は、もともと欧米で発達したもので、その名のとおり〝隠す〟ことに主眼が置かれている。日本の医療機関においても、傷あとを化粧でカバーすることがこれまで行われてこなかったわけではない。しかし、かづき氏のリハビリメイクが登場するまではあまり注目されてこなかったし、患者の満足度も高いとはいえなかった。技術のレベルが低かったこともあるだろう。しかし最大の理由は、あくまでも〝隠すための化粧〟の域を出なかったからではないだろうか。

ありのままであること、自然であることを尊ぶ日本人の心性に、隠すという行為がなじまなかったのかもしれない。かづき氏自身も、かつて心臓病のために赤くなった顔を巧みに隠せば隠すほど「ここまで頑張って隠さないといけないほど、私の顔は赤いんだ」と思い知らされて不安になることがあったと語っている。

リハビリメイクが目指す社会復帰とは、傷を隠すことではなく、最終的に傷があっても気にならなくなること、すなわちありのままの自分を受け入れ、肯定して生きていくことなのだ。この独自性こそが、リハビリメイクが患者や医療機関に受け入れられ、大きく広がりつつある理由なのだろう。

もうひとつ、リハビリメイクの大きな特徴は、カウンセリングと一体になっていること、つまりセラピーの役割を果たすことである。

患者には傷のことや、それまでに受けてきた処置のことはもちろん、生活史や心情を語らせる。多くの患者が涙する。抑えてきたつらい思いを吐き出すことが、自分を受け入れるための第一歩なのだ。

「感情を抑えていると、顔は無表情になります。顔のトラブルに悩んでいる人は、表情が乏しいことが多い。思い切り感情を吐き出してからメイクをすることで、驚くほどいい表情になるんです」(かづき氏)

かづき氏は、メイクを施した後、患部が魔法のように隠れたのを見て感激する患者に、「でも、メイクはメイクだよ。落としたら傷は出てくる。そのことを忘れないでおこうね」と語りかける。

「そのかわり、自分でここまでメイクできるようになるよ。練習すれば、隠したい時はいつでも自分で隠せるようになるからね」と。

こうした言葉の奥には、隠すことに重点をおくと、傷のある自分自身を受け容れられなくなってしまいかねないという考えがある。

外来でのリハビリメイクは、初回はかづき氏が患者にメイクを施し、希望する人にはその後、三〜四回のメイク指導を行う。初回は患部をほぼ完璧に隠しても、次の回からは次第に薄くしていき、その分、チャームポイントを強調するメイクを教えるという。狙いは「傷があっても魅力的な自分」を徐々に発見させることだ。

「最終的に傷が気にならなくなったら、それが社会復帰への第一歩なのです」(かづき氏)

治療のプロセスにメイクを組み込む

リハビリメイクを行うタイミングとして、もっとも適しているのはいつだろうか。

生まれつきのあざの場合は、いつでもかまわない。リハビリメイクは朝行えば夜まで落ちないため、自分ではできない子どもの場合でも、家族が行うことができる。

あざのある子どもを持つ親に接することの多いかづき氏は、子どもたちの間で外観によるいじめが頻発している現実があることをよく知っており、「痛くなくて、家族がやってあげることができて、取ろうと思えば取れる、やめようと思えばいつでもやめることができる」メイクは子どもにも有効な手段だと考えている。

あざに対する治療法としては手術やレーザーなどがあるが、痛みがともない、子どもには特に負担が大きい。その点、メイクは成長して本格的な治療を受けられるようになるまでの間、大きな助けになるといえるだろう。

「リハビリメイクなら汗をかいても大丈夫ですし、たとえばプールやお風呂などに入っても落ちません。石鹸で顔を洗わない限り、朝にしたメイクは夜まで取れない。化粧直しが必要ないから子どもでも安心なのです。これはとても大切なこと。いつメイクがはがれてしまうかを気にしなければならないのは大きなストレスになりますから」(かづき氏)

幼い子どもに化粧をさせることに抵抗のある親もいるかもしれない。しかし、化粧を従来の「美しくよそおい、自分を飾る手段」ではなく、「自分を元気に、生きやすくする手段」としてとらえるのがリハビリメイクの考え方だ。そう発想を変えれば、道具としてメイクを使いこなすことにポジティブになれるのではないだろうか。

あざの手術やレーザーによる治療の後には、一時的に色素沈着が起こることもあるので、それが消えるまでの間に行うのも有効だ。

また、あざの種類によっては、外科的な手術をしてもあまり効果が上がらない場合がある。その場合は本人の負担を考え、最初からメイクを勧めることもあると青木医師は言う。

熱傷の場合、リハビリメイクを行うタイミングは二回ある。熱傷の手術は、大きく次の三つに分けられる。
①救命救急センターにおいて生命を救うために行われる手術
②形成外科において傷を治すために行われる手術
③形成外科において機能や外観を修復するために行われる手術
③の手術は複数回行うのが普通で、退院したあとも日をおいて何度も手術することが珍しくない。リハビリメイクを行うのに適しているのは、②の手術によって傷が治った時点、また、③の手術の前後である。
交通事故などによる傷の場合もこれに準じ、複数回に及ぶ手術の間にメイクを指導する

ことが多い。「傷は残るが、メイクでここまで隠れる」ということがわかると、手術と手術の間の不安定な精神状態がかなり落ち着くという。

治療方法の選択の幅が広がる

手術後にリハビリメイクを行うことを前提にすることで、手術方法の選択そのものが変わってくる場合もある。

熱傷部位に皮膚を移植する場合、一般には「植皮」という方法がとられることが多い。これは体の目立たない部分の皮膚を採取してきて患部にはりつけ、生着《せいちゃく》させる方法である。

「植皮には、皮膚の表面を薄く採取してくる「薄い植皮」と、皮膚のほぼ全層を採取してくる「厚い植皮」があります。厚い植皮のほうが色も質感も優れていますが、採取する部位の傷はより深くなるわけで、その犠牲を考えると、広範囲熱傷の患者さんに行うことは難しいのです。ですから普通は薄い植皮を選択せざるをえません。薄い植皮のデメリットは、拘縮や色素沈着が起こりやすいこと。また、ひどい熱傷を負った場合、筋肉の上の脂肪が失われてしまっているため、その上に植皮をすると硬い質感になってしまいます」

（青木医師）

皮膚移植にはもうひとつ、「皮弁」という方法がある。これは、植皮よりも厚く、血管や皮下組織もくっついた状態で皮膚を採取してきて移植する方法である。

「皮弁の場合は、採取した部位の色と質感が移植後もずっと変わらないという特徴があります。ですから、近接した部位から皮膚を持ってくることができれば、移植部分に色も質感もマッチしてたいへん都合がいいわけです。しかし広範囲熱傷の場合、どうしても遠く離れた場所から採取してくることになります」

皮弁は皮膚の深いところまで熱に侵されている場合にも用いることができる方法で、脂肪も一緒に採取してくることができるため、顔の輪郭の部分が欠損してしまったような場合にも有効である。拘縮や色素沈着も起こらないというメリットがある。

ただし、遠い場所から皮膚を採取してきて顔に移植する場合、質感と色調が移植部分となかなかマッチしない。特に、色に関して差が出てしまいやすいという。この「色調の違い」というデメリットをカバーできるのがリハビリメイクだ。

「色を合わせるのは、リハビリメイクがもっとも得意とするところ。ファンデーションを塗れば、ごく自然にカバーすることができます」

と、かづき氏は説明する。

メイクをすることを前提にすれば、皮弁のデメリットをある程度克服することができるのだ。皮弁については新しい技術が開発され、年々進歩している。メイクを取り入れることでそのメリットを享受できるというわけだ。特に、患者がそれまでも日常的に化粧をしてきた女性である場合、術後の満足度は植皮よりも皮弁のほうが高くなることは十分考えられる。

「このように、医療の分野にメイクを取り入れることによって治療方法の選択の幅が広がるということが、実際にあるわけです。それによって患者さんの満足度が高まるなら、どんどん連携を進めるべきだと思います」(青木医師)

また、広範囲熱傷や交通事故による怪我などで何度も手術を行うような場合、リハビリメイクを体験すると、「メイクでここまで隠れるなら、あとの手術は最低限でいい」という判断を患者自身が下すこともあるという。

一回の手術で患者にかかる精神的・肉体的・経済的負担は大きい。苦痛をともなうことは避けられず、手術入院を繰り返すことで社会復帰が遅れることもある。体にメスを入れる治療は、できれば少ない回数ですませたいというのが多くの患者の本音だろう。

医療機関がメイクという手段を提示することは、選択肢を増やすことによって患者の意志を尊重することを可能にし、治療における自由度を高めることに貢献するといえる。

切実にメイクを必要としている人たち

リハビリメイクを必要としているのは、どんな患者なのだろうか。

「外観が日常生活に影響を及ぼしている人全般といえると思います。ただ、やはり女性の方がなじみやすいというのはありますね。日常的に化粧をしているので、抵抗がないようです」

と青木医師は話す。

また、どのくらい切実に必要としているかという点から見ると、生まれつき顔にあざなどがある人と、怪我や熱傷で途中から顔のトラブルを抱えた人では、やはり後者がより切羽詰《せっぱ》まっていると感じるという。

「もちろんあざの患者さんにも、メイクは必要とされているといえます。本人も家族も、非常に喜ばれますしね。しかし、先天的なものの場合、長い年月の中で徐々に受容してきた方が多く、〝今この時に、どうしても〟という緊急性はそれほど大きくないのです」（青木医師）

それに対して、ある日突然、怪我や熱傷でそれまでと外観が変わってしまった人は、その事実をなかなか受け容れることができない。そんな時期に「メイクでここまでカバーできる」と知ることで、希望の光が射すという。まさに、〝今この時に〟メイクを必要としているのだ。

事故で搬送されてきた患者は、それまで生きてきたのとは違った外観で病院を出て、社会の中で暮らしていかなければならない。リハビリメイクは新しい自分を受容して日常生活に戻っていく助けとなり、しかも練習すれば他人の手を借りずに自分でできるようになる。まさに〝リハビリ〟という名にふさわしい技術だといえる。

繰り返しておくが、生まれつきのあざを持つ人には、リハビリメイクの必要性が薄いというわけではない。あくまでも怪我や熱傷患者のほうが〝初めての経験に戸惑い、傷つき、切羽詰まっている〟ということである。あざのある人は、そうしたつらさにこれまでじっと耐え続けてきたわけで、心の中に秘めた思いの重さは計りしれないものがある。

かづき氏のメイクスタジオで「リハビリメイク教室」を見学した際のことだ。教室に入ってきた時から明るく振舞い、うつむいたり暗い表情を見せたりすることなどなかった太田母斑の女性が、リハビリメイクによってあざが見事に隠れた自分の顔を鏡で見た瞬間、大粒の涙をこぼした。

かづき氏は言う。

「自分が気にすると、周りの人、特に母親が悲しむので、つらさを押し隠してきた人が多いですね。あざのある自分を受容している人も、心の奥のほうには悲しみが残っているのではないでしょうか。あざのない顔を生まれてはじめて見た時、そういったつらい気持ちが解き放たれるんですね」

また、それまで「なんでこんな顔に産んだの！」と母親に反抗的な態度をとっていた少女が、あざのない自分の顔を見たとたん素直になり「お母さんが悪いんじゃないってほんとはわかってる。でも他に言える人がいなかった」といって泣いたこともあるという。

メイクが患者に及ぼす効果について青木医師はこう語る。

「メイクの効果という点で言うと、メイクをしてもらってきれいになった顔を鏡で見て喜んだからといって、それを即、〝効果があった〟と言うことはできません。メイクを学んだことで、その人の行動に何らかの変化が起こってはじめて、メイクという手段が有効だったということが言えるのだと思います」

この点、同病院の患者に関しては、あきらかに行動に変化が見られるという。それまで家の中に引きこもりがちだった人が外出するようになる。看護師に心を開かず、話しかけてもほとんど答えなかった人が自分から声をかけるようになる。結婚式や入学式など、公の場に出ていけるようになる——。「自分と同じ思いをしている人の力になりたい」と、かづき氏が主宰するメイクスタジオで、リハビリメイクのプロを目指して学びはじめた人もいるという。

メイクは生活の質を高める技術

美容外科の分野においては、リハビリメイクはどのような役割を果たしているのだろうか。

美容外科は広義の形成外科に含まれ、異常や変形のない外観を対象に、美を目的として外科的処置を行う。近年、美容外科を開設する大学病院が増えており、日本医科大学付属病院の形成外科にも美容外科がある。来院する人の要望は、体に関することと顔に関することに大きく分かれる。

顔に関しては「目を大きくしたい」「鼻を高くしたい」「小鼻を小さくしたい」「頰骨を削って低くしたい」「えらを削って顔を細くしたい」「しわを伸ばしたい」などが代表的な要望だ。病院としてはこれらすべてに対応が可能だが、近年安易に手術をすべきではないと思われる例が増えているという。

「じっくり話を聞いていくと、手術さえすればそれでこの人は本当に満足するのだろうか、と考え込んでしまう例がたくさんあります。実は心の問題を抱えていて、メスを入れることは逆に危険なのではないかと感じてしまうのです」

と青木医師は話す。

みずからのメイクスタジオで数多くの女性たちと接してきた経験から、かづき氏は、「希望どおりに手術をしてもなかなか納得せず、次から次へと美容外科を渡り歩く人が増えています。中には医師を訴えるケースもあります。はた目には成功した手術でも、本人には納得がいかないのです」

と説明する。

見た目が重視され、美容形成のハードルが低くなった今のような時代こそ、美容外科の医師には慎重さが求められる。日本医科大学付属病院では、医師が手術をためらうケースに関して、まずリハビリメイクを体験してもらう試みを行っている。来院者がコンプレックスを感じている小さな目、低い鼻、大きな顔、肌の老化(しみ、たるみ)などにも、リハビリメイクは有効だという。

「われわれがメイクが第一選択であろうと判断してかづき氏に紹介した患者さんで、リハビリメイクを体験した後、やっぱり手術をしたいと言った人は、これまでのところ一人もいないんです。その後、他の医院で手術を受けていったようなことが絶対にないとは言い切れませんが、メイクの満足度は非常に高いように見受けられました」(青木医師)

傷やあざがない人に対してもリハビリメイクが有効なのは、〝隠す〟ことだけを目的とせず、その人のトータルな魅力を引き出すメイク法だからである。具体的には、かづき氏が独自に開発した「リハビリマッサージ」という技法の力によるところが大きい。

このマッサージ法は、顔の血液の循環を促進するために、静脈に沿って行うもの。清潔なメイク用スポンジを水で絞り、摩擦による負担をかけないよう美容液などを含ませた上で、決まった方向に肌の上をすべらせる。滞っていた血液を心臓に返すことで、肌が目に見えて生き生きとしてハリを取り戻す(詳しいやり方は一五八頁を参照)。

水分の流れをスムーズにする働きもあるので、腫《は》れぼったかったまぶたがすっきりし、むくんでいたフェイスラインが引き締まる。マッサージ前と後では誰が見てもわかるほど変化するため、「小さい目」や「大きい顔」に悩んでいた人が、「マッサージでここまでできるのなら、手術しなくてもいいかも……」と思うようになるという。

また、目の下のくまが目立たなくなったり、頬のたるみによって深くなったほうれい線

(小鼻から口角にかけてできるしわ)が薄くなることから、加齢に悩んで美容外科を訪れ、いわゆるアンチエイジングのための手術を希望する人をも満足させることができる。

もちろんマッサージ後に行うメイクでも、その人の美しさを引き出す技術が用いられ、来院した女性たちは、自分の顔が持っている美の可能性に気づくことになる。

「美容外科での手術を希望するのは、美に対する意識が高い人である場合が多いのです。それなのに、化粧品はたくさん持っていても、化粧法をきちんと学んだことのある人はまずいない。みんな、化粧品さえ持っていればきれいになれるはずだと錯覚しているんですね。それで駄目だったから美容形成を、ということになる。美容形成という選択肢を否定するわけではありませんが、その前に、自分の手でできること、つまりメイクを学んでみて損はないと思うんです」(かづき氏)

メイクは今や生涯学習の範疇《はんちゅう》に入るものだとかづき氏は言う。身を飾る行為というよりも生活の質を高める技術であり、学んで身に付けるべきものだということだろう。高齢化がますます進み、見た目重視の傾向も強まっていくであろう今後、加齢による容貌の衰えを気にして元気をなくする女性が増えることはまず間違いない。自分が納得できる外観を自分自身で作る技術を身につけることは、これからの世の中、傷もあざもない人たちにとっても重要なことになってくるのかもしれない。

今後の課題——より広い連携のために

リハビリメイクが医療の現場に与えたインパクトは非常に大きなものがあると青木医師は言う。

「ひとことで言えば、患者さんの力になれるのは医療の専門家だけでは決してないということを、身をもって体験したことです」

医師以外の立場の人間が、専門知識を生かして医師と対等な立場で医療の場に参加し、患者を手助けする。そうした複数の視点からの支援システムがあってこそ患者の満足度が高まるはずなのに、これまでそうした取り組みがあまり重視されてこなかったという現実がある。

その人が何をどこまでを求めているのかを知り、それに合わせた医療を提供するために、他の分野の専門家の力をもっと柔軟に取り入れることが必要とされているのではないか。リハビリメイクによる患者の行動の変化を目の当りにしたことで、医療現場の人々がそのことを再認識したという。

一方、メイクと医療が連携していく上での課題について青木医師は、

「まず治療費の問題。現在はボランティアの形でメイクをしてもらっており、病院側としてもリハビリメイクの場合は再診料をいただいていません。しかし、いつまでもボランティアのままでは、医療機関でのリハビリメイクはなかなか普及していきません」

と指摘する。

この点に関しては、日本歯科大学歯学部の口腔《こうくう》介護・リハビリテーションセンターが、希望する患者に有料でリハビリメイクを指導する試みを二〇〇二年四月にスタートさせた。リハビリメイクの導入を提案し、実現にこぎつけた同センター勤務の言語聴覚士、西脇恵《にしわきけい》子《こ》氏によれば、現在までに頭頸部がんの手術を経験した患者十数名がかづき氏のリハビリメイクを体験している。年代は四〇～六〇代が多く、料金は、ごく普通の中高年の男女が身だしなみにかけられる金額、たとえば床屋に一回行く費用を目安に設定したという。

「二〇〇一年の秋に新聞でリハビリメイクのことを知って、私たちが探していたものはこれだ、きっと患者さんの社会復帰の大きな支えになると思い、すぐにかづきさんに連絡をとりました。当初、かづきさん側はボランティアでかまわないと言ってくださったのですが、こちらから〝有料で〟と提案しました。患者さんから料金をいただくということは、医療機関側が結果に責任を持つということ。それは非常に大切なことだと思ったんです」

医療機関が継続的に有料でメイクを行うのは全国でも先駆的な試みだが、西脇氏は、実現に当たって特に大きな障害はなかったと話す。

「新しい試みなので、事務手続き上クリアしなければいけない問題はいくつかありました。けれどもリハビリメイクには〝外観をケアすることで患者さんのQOLを高める〟という明確なコンセプトがあります。それを実現するためには、どんな問題も前向きにクリアしていこうという認識をスタッフ全員が共有していました」

医療にたずさわる人間は誰でも、患者さんの社会復帰の助けになることなら何でもしたいと思っているはずだと西脇氏は言う。同センターでも外観のケアの重要性を強く感じていたが、これまでリハビリメイクのような有効な手段を見つけることができなかった。

「リハビリメイクの存在が広く知られるようになれば、取り入れたい医療機関はたくさん出てくるはず。こうした形での外観のケアの提案がなされるのを、医療は待っていたのではないでしょうか」

クリアすべきもうひとつの課題は、リハビリメイク技術者の資格の問題だ。

「医療従事者ではない人が病院で医師とともに患者さんに接するとなると、その職業的立場をどのように規定するかという問題が生じてきます」(青木医師)

現在、かづき氏の主宰するメイクスタジオで独自の検定制度がスタートしたところだが、いずれはより公的な性格を持つ資格制度が必要になってくるだろう。

課題は多いが、患者のニーズがあり、しかも満足度が高いという現実がある以上、メイクと医療をつなぐ現実的なシステムを整備することは、時代の要請ともいえるだろう。

従来は、医学的な処置さえ終われば、患者がその後、どんな人生を歩もうと関心を持たない医師が多かった。リハビリメイクを取り入れる医療機関が増えてきたことは、「傷や病そのものの治癒を、治療の終わりとは考えない」という姿勢が医療側に生まれてきたことを意味するのではないだろうか。

2　セラピーとしてのメイク——精神科との連携

「醜形恐怖」とは何か

ここでは、リハビリメイクと精神科の連携について見てみよう。立教大学教授で、臨床医として日比谷クリニック等で治療に当たっている町沢静夫《まちざわしずお》医師との連携がスタートしたのは二〇〇〇年三月。対象となるのは、自分の顔や体が醜いと思い込み、日常生活に支障をきたす「醜形恐怖《しゅうけいきょうふ》」と呼ばれる病気の患者である。

町沢医師によれば、醜形恐怖は先進国を中心に広がりつつある病気で、特にアメリカと日本において多く報告されている。臨床現場ではここ五〜六年、患者の増加を実感しているという。

「患者は一五歳くらいから二〇代までが多く、男女比はほぼ四対六。何らかのきっかけで自分の顔や体が醜いと思い込み、そのこだわりから抜けられなくなります。その結果、人前に出られなくなり、正常な社会生活を営めなくなるのです」

町沢医師の臨床経験では、醜形恐怖の患者のおよそ九割にうつ傾向が見られ、自殺を図るケースもある。妄想障害が見られることも多い。強迫性障害（強迫神経症）の仲間だという説が有力だが、原因を含め、まだよくわかっていない部分の多い病気だという。

どこを醜いと訴えるかは人によって違い、髪の毛や目、鼻、口といった顔の部分、あるいは胸や脚、お尻などの体の部分である場合もある。町沢医師の患者では〝顔全体が醜い〟という訴えがもっとも多い。治療は一般に薬物療法とカウンセリングの両面から行われるが、町沢医師の場合、心理療法の一環として、効果がありそうだと判断した一部の患者に対してかづき氏のメイクを取り入れている。

きっかけは、醜形恐怖についての町沢医師の著書を読んだかづき氏が、自身のメイクスタジオを訪れる女性の中に、時々この病気の特徴と明らかな共通点のある人が見受けられることに気づき、アドバイスを求めたことだった。

「傷もあざもないのに、自分の顔がどうしてもいやだ、何とかしてほしいと訴えてリハビリメイク教室にやって来る人が増えてきたのです。美容形成を一〇回、二〇回と繰り返したという人も珍しくありません。醜形恐怖の人は実際には決して醜くなく、むしろきれいな人が多いという町沢先生の指摘も、私のところに来るこうした人たちに当てはまっていました」

かづき氏はしばらく町沢医師のもとに通って臨床現場を見学するなどし、醜形恐怖について今も学んでいる。そして、自分のもとを訪れる醜形恐怖の症状に近い女性たちの中でうつ傾向が見られる人や、あきらかに妄想があると思われる人について町沢医師に相談し、本人にはカウンセリングや精神科の受診を勧めるなどして対処することにした。

一方、町沢医師は、すぐ治りそうに見えてなかなか治療効果が上がらず、治癒率が五割に達しない醜形恐怖の対処法に悩んでいた。「はれぼったい目がいやだ」と家に引きこもっていた若い女性患者は、しばらく姿を見せなくなったと思ったら美容形成の手術を受けていた。しかし、それで醜形恐怖の症状が消えたわけではなく、その後まもなく自殺してしまった。

この病気に関しては、従来の精神科のアプローチだけでは難しいのではないか——そう感じていた町沢医師は、かづき氏がリハビリメイクを行っている現場に接し、治療に取り入れられないかと考えるようになった。

醜形恐怖の治療には、前述したように、薬物療法とカウンセリングの組み合わせが有効とされる。町沢医師が主に使用するのは、強迫行動を繰り返す患者に効果のあるSSRIという薬で、そのほかに抗うつ剤や向精神薬を使用することもある。

「薬でかたくなになった思考をやわらかくし、相手の言うことに耳を傾ける素地を作っておいてから、心理療法に入っていく。〝あなたが自分を醜いと感じるのは、醜形恐怖という病気なんだよ。私は醜いという考えが湧いてきたら、これは病気のせいだ、一種の強迫観念なんだと自分に言い聞かせなさい〟と説明し、一日に五分でいいから外に出て、人のいる場所に行くように訓練してもらうんです」

薬物療法からカウンセリングへの移行は、必ずしもスムーズにいくとは限らない。いくら「あなたは醜くなんかないよ」と言っても、「そう言っておけば私が喜ぶと思っているから適当なことを言ってるんでしょ」と聞く耳を持たないケースが多い。そこで、カウンセリングへの導入手段としてメイクを取り入れる試みを始めたのだという。

メイクをしてからカウンセリングへ

かづき氏が最初にメイクを施した醜形恐怖の患者は「私の目の下には黒いくまがあって、みっともないから外に出られない」と訴える二〇代の女性だった。「それは、ただの影なんじゃないの？」と町沢医師が言っても「ううん、やっぱり黒い」と納得しない。

「なかなか本格的なカウンセリングに入れなかったので、〃メイクの先生がいるんだけど、興味ある？〃と聞いたら、やってもらいたいと言う。それで、かづきさんにメイクをしてもらいました」

かづき氏は最初から「くまなんかないよ」と本人を説得することはせず、まず血流マッサージで目のまわりのむくみを取ってすっきりさせた。

「目の大きな子だったので、良くも悪くも自分の視線がそこに行ってしまうのではないかと判断しました。実際、表情が疲れていて目の輝きがなく、全体にやつれた感じに見えたので、目の美しさを強調するメイクをしたんです」

眉をきれいに整え、アイメイクを施すと、鏡を見た本人はくまのことは言わず「目がきれいになった！」と喜び、来た時よりも明るい表情で帰って行った。

その次の回から、町沢医師があらためて本格的なカウンセリングを行った。その結果、数ヶ月で黒いくまが見えるという訴えはなくなり、その女性は最終的に、就職し、ボーイフレンドができるまでに治癒したという。

別の例では、自分が醜いと直接訴えることはないが「いつも落ち込んで、どうしても明るい気分になれない」「私はどこへ行っても嫌われるから外に出たくない」と家に引きこもっていた二〇代の女性をかづき氏に紹介し、メイクを施してもらった。すると、次回、町沢医師を訪れた時には驚くほど表情が生き生きとしていた。実際、メイクによって見た目も美しく、華やかになっていた。その時初めて、彼女はこう打ち明けた。

「実は私、顔が大きいのがイヤでイヤでたまらなかったんです。だから、人に会いたくなかったの」

そして自分から言ったという。

10代後半〜30代の女性で，「外出はできるが隅に隠れる」レベルの中程度の醜形恐怖患者に，約1年間，薬と併用してリハビリメイクを実施．約85％の人に効果が表れた．（データ提供：町沢静夫氏）

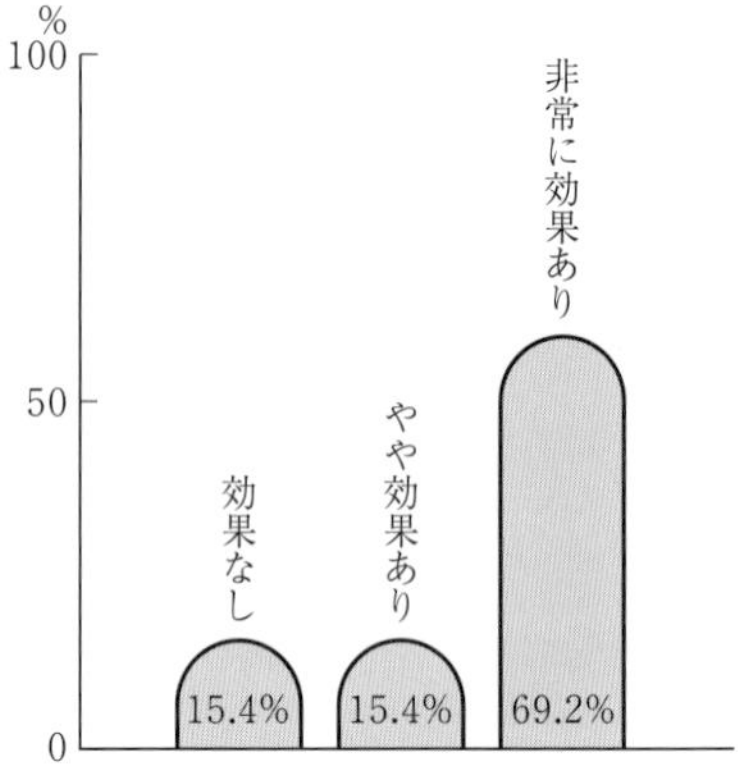

図1　醜形恐怖患者に対するリハビリメイクの効果

「私、先生が前にチラッとおっしゃっていた、醜形恐怖っていうやつだったのかもしれないと思うんですよね」

この女性は三年間町沢医師のもとに通っていたが、それまでほとんど治療効果が見られなかった患者だという。

こうした成功例から町沢医師は醜形恐怖の治療におけるリハビリメイクの可能性に注目し、現在までに約三〇名の患者の治療をかづき氏と連携して行っている(図1参照)。

メイクのセラピー効果

リハビリメイクが醜形恐怖の治療の助けと

なるのはなぜなのだろうか。

町沢医師は、まず第一にリハビリメイクの「顔から入って心に至る」というアプローチが、外観を重視する現代に特有の病である醜形恐怖に適している点を挙げる。リハビリメイクが「心」を入り口にする従来の精神療法とはまったく逆のアプローチで効果をあげたことに、大きなインパクトを受けたという。

「精神療法では当然、心を重視します。患者が〞顔が醜くてつらいんです〞と言ってきた時に〞本当は醜くなんかない、それは心に原因があるんだよ〞と一生懸命説明するわけです。〞表面にとらわれちゃダメじゃないか。大事なのは心の持ちようなんだ〞というように持っていく。それに対してメイクの場合は〞じゃあ、まず、気になるところをきれいにしちゃおう〞と、外観から入ってしまうわけでしょう。それで実際に患者の気持ちが変わっていくというのは、精神科医にしてみれば、大きな発想の転換を迫られることなんです」

町沢氏によれば、近年、臨床の現場で精神科医たちが悩んできたのは「顔じゃないよ、心だよ」という言葉が若者たちにまったく通用しなくなっていることだという。たとえば町沢医師の経験では、男の子にもてるためにやせたいと無理なダイエットをしている若い女性を「やせているのが美しいというわけじゃない。やせたからってもてるようにはならないよ」と説得しても聞く耳を持たず、しばらくして「やせたら彼氏ができたよ。もてるようになったよ」と報告に来たことがあった。

「いくら人間は〝見てくれ〟じゃないと言っても、通用しないという現実があります。いい悪いではなく、〝見た目も大事〟というところを一回通らないと、患者さんを納得させられない時代になっているんです」

かづき氏のメイクによる患者の変化を目の当たりにしたことで、引きこもっている若者が外の社会に向けて一歩踏み出すには、本人が納得する外観を先に作るということも大事だということを町沢医師は認識したという。

二番目の理由として町沢医師が挙げるのが、メイクをしてもらうプロセスそのものが、患者の心を癒し自信を持たせるセラピー(心理療法)の役割を果たすことだ。

「最初の頃、かづきさんが老人ホームでお年寄りにメイクをしているという話を聞いたんです。メイク後のお年寄りの表情が目に見えて生き生きとし、動作までキビキビするという。実際に行動に変化が見られるわけです。その理由を、かづきさんは〝若々しくきれいになった自分の顔を見て、そこからエネルギーをもらえるからだ〟と説明します。確かにそのとおりでしょう。でも、精神科医の目から見るとそれだけではない。お年寄りの中に〝(もう年をとって、美しくもないし価値もないと思い込んでいる)自分の顔を、こんなにていねいに扱ってもらった〟という喜びと自信が生まれているからなんですね。これと同じことが、醜形恐怖の患者さんにも起こっているのではないかと思うんです」

醜形恐怖の患者は対人関係に自信がないことが多い。町沢医師によれば、その裏側には、多くの場合「好かれたい」という強い願望がある。

「〝相手に受け容れてもらえないのではないか〟という不安を、〝それは自分が醜いからだ〟と置き換え、自分の人格そのものにかかわってくるような本質的な問題に直面するのを避けている面がある。つまり、自分が持っているいろいろなコンプレックスを、外観に転換して悩んでいるんですね」

不安、自信のなさ、性格面も含めた自己嫌悪――そうした自分にかかわるマイナスイメージを「外観」に集約させた結果、そこに本人しか見えない醜さを見てしまうのが醜形恐怖であるならば、自分の顔を他人から大切に扱ってもらう経験が治療の突破口になることは確かにあり得るだろう。前出の二人の患者のうち後者の女性は、人付き合いが苦手で、相手に見下されるのではないかというおびえがあったという。

「こうした、自分自身の価値が低いと思い込んでいるタイプの人には特に、メイクによるセラピーが有効だと思われます」

メイクならリラックスして施術者と向き合える

メイクのセラピー効果については、この「コンプレックスが集約された部分である顔を大切に扱ってもらえる」ということのほかに、もうひとつ「メイクという行為を介することによって、患者がリラックスして他者(施術者)と接することができる」という点も見逃すことができない。

町沢医師は、前述の老人ホームでのリハビリメイクの際、メイク中にお年寄りが施術者と楽しそうにお喋りをすると聞いて、メイクしながら会話すること自体がセラピーになっているると感じたという。町沢医師の言う「会話」とは、言葉を交わすことだけではなく、より広い意味でのコミュニケーションを指している。筆者はかづき氏のリハビリメイクの現場を数多く見学する中で、交わされる言葉は少なくても、施術者と向き合って肌に触れてもらうという行為そのものによって、患者が安心し、癒されていることが伝わってくる場面に何度も出会った。

対人関係に自信がなく、家に引きこもりがちな醜形恐怖の患者にとって、直接他人と向き合い、会話をすることは大きなプレッシャーとなる。しかしリハビリメイクの場面では、あくまでもメイクという目的があって相対しているのであり、患者は相手にどう判断されるかを必要以上に気にせずにすむ。診察室と違い、かしこまって話すのでもなく、原因探しをするわけでもない。こうした、メイクを媒介にすることで生まれる自然なコミュニケーションが、患者の心を開く糸口となることは十分に考えられる。さらに、触覚を通じてコミュニケーションできることも、セラピーとしてのメイクの強みといえる。

何らかの行為を介して患者が他者とコミュニケーションをする形をとるセラピーには、音楽や絵画、スポーツなど、いくつかの種類がある。将来的には、医師以外の専門家によって行われるこうしたセラピーのひとつとしてメイクが取り入れられる時が来るかもしれない。

「医者の場合、〝この患者を治すんだ〟という気負いがあります。仕方のないことなんですが、それが患者にも伝わってしまって、なかなか相手の気持ちの中に入っていけない。心を開いてもらう努力を最初から放棄して、薬を出すだけの精神科医もたくさんいます。症状ばかり見て、その人全体を見ようとしないんですね」(町沢医師)

垣根を取り払って相手を受け容れることが心の病には大切なことだが、精神科医だからといってその能力を持っているとは限らない。医療従事者以外でセラピー能力を持つ人の力をどんどん借りていくべきだというのが町沢医師の考えだ。

「精神科医やカウンセラー以外にも、心を元気にしてくれる人がいることを、患者さんにはもっと知ってほしいと思います。――いや、もしかすると、みなさんもう知っているのかもしれませんね。現に、かづきさんの教室には、自分で情報を探した人たちが全国各地から大勢訪ねてきているわけでしょう。一番遅れているのは、私たち医療の世界の人間なのかもしれません」

ストレス値も軽減

リハビリメイクがセラピーとしての効果を持つかどうかについては、東邦大学医学部看護学科の松下裕子《まつしたひろこ》助教授によって行われた、メイク前後のストレス値の測定データが参考になる。

これは、横浜市にある特別養護老人ホームの入居者九名（七五歳から九三歳の女性・うち六名に痴呆あり）について、リハビリメイク前後の血圧、脈拍、および唾液中のコルチゾール値の変化を調べたものである。コルチゾールは副腎から分泌される物質で、ストレス値を客観的に評価する際の生理学的指標として用いられ、この値が高いほどストレスが大きいとされる。

測定の結果、最大血圧・最小血圧は若干の上昇が見られた。松下助教授はこれについて、「リハビリメイクをタッチング（皮膚接触）と考えるならば、交感神経を刺激することで血圧の有意な上昇をきたしたと考えることができる」と報告している。脈拍については有意な

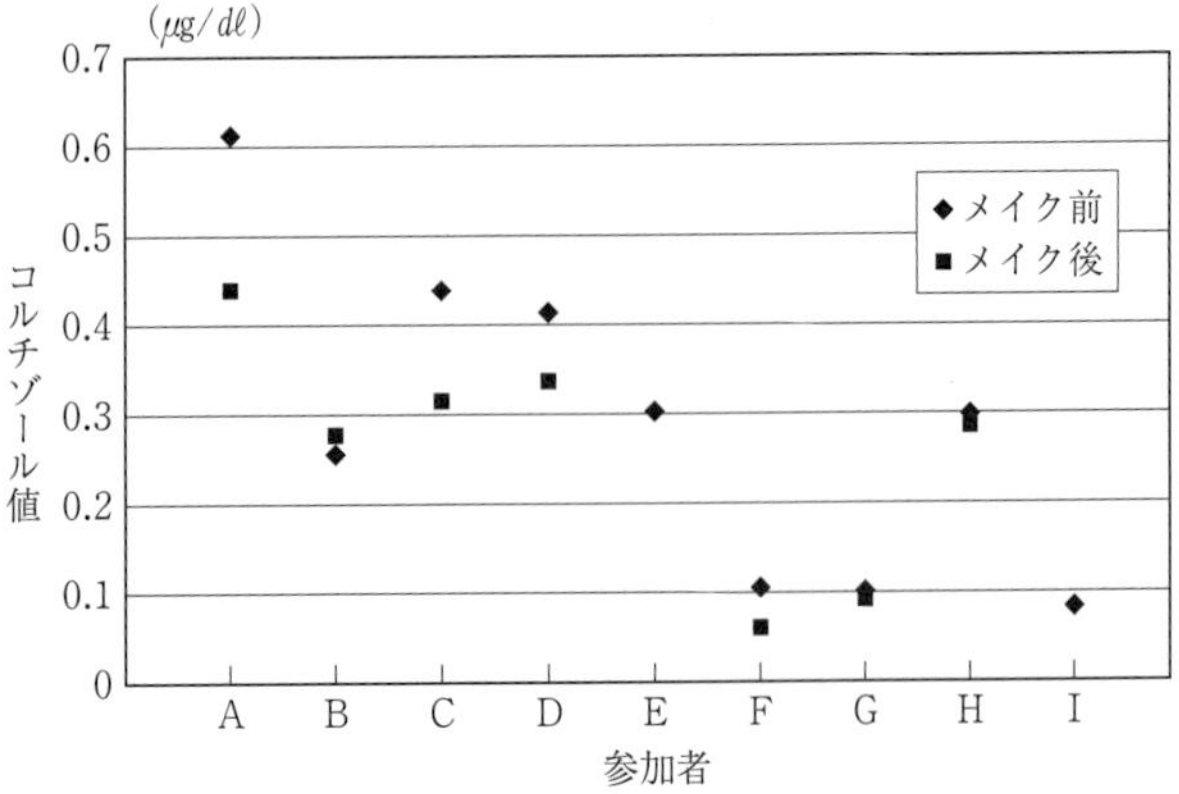

図2　リハビリメイク前後でのコルチゾール値の変化

＊参加者 E および I は，メイク後の唾液採取ができなかった．

（松下氏作成）

変化は見られなかった。

　コルチゾール値については下降傾向が有意で(図2参照)、これはメイク後にストレスが軽減していることを示している。

「コルチゾール値の下降は、心地よい刺激による癒し(ヒーリング)の効果、および自己の容姿の変化を感じ取ったことで否定的な感情から喜びの感情へ変化したことによるものと考えられます。否定的な感情を軽減し、肯定的な自己認識の助けとなるリハビリメイクは、ストレスを発散するのに有効な手段であるといえるでしょう」(松下助教授)

　この測定は、前述したように特別養護老人ホームの入居者を対象に行われたものであり、リハビリメイクが精神科の治療に役立つことへの直接的な裏づけにはならないが、少なくとも精神的ケアの手段として一定の効果を持つことを表している。松下助教授の見解には町沢医師の指摘と重なる部分もあり、リハビリメイクのセラピーとしての可能性を示唆しているといえる。

自分で自分を大切にできるように

かづき氏のリハビリメイクによって自信を得たことが治癒のきっかけとなった患者の中には、その後、メイクをしないで町沢医師のもとを訪れるようになった女性もいるという。

「以前は人前に出られなかった女性が、メイクによって自信を得て外出できるようになった。その自信が今度は、メイクを必要としないところまで彼女自身を強くしてしまったんです。こんなふうに、いったん自尊心が生まれるとあとはOK、ということがけっこうあるのです」(町沢医師)

患者の「自信」「自尊心」を高めるという点では、かづき氏が医療の分野の人間ではなく、あくまでもメイクのプロであることがプラスの効果をもたらしていることも考えられる。

かづき氏の主宰するスタジオで開設されているリハビリメイク教室で、傷やあざのある生徒が初めてメイクをしてもらった後に「プロの先生が、あんなに一生懸命メイクしてくれた！」と感激する声を何度も聞いた。そこには、〝高い技術を持ち、モデルさんでも女優さんでも、いくらでもきれいにできるメイクのプロフェッショナル〟が、〝私が傷ついてきた原因であるこの顔、これまでずっと愛せなかった私の顔〟に真剣に向き合い、大切に触れてくれた、という喜びがある。

町沢医師が、リハビリメイクが醜形恐怖の治療の助けとなる理由の二番目に挙げた「自分の顔を他人から大切に扱ってもらう経験が患者を癒す」という要素が、かづき氏がメイクのプロであることによってさらに強められていると考えられる。

かづき氏は言う。

「私が白衣を着たお医者さんや看護師さんじゃないのは大切なこと。メイクの先生らしい、華やかな雰囲気を持っていたほうが効果があるんです。女性たちは、こと顔に関しては、傷があるから、病気だからといって区別されることを非常にいやがります」

多くの女性たちにメイクをしてきた、プロとして世間でちゃんと評価されている人に、普通の女の子と同じようにカッコよくメイクしてもらう。それでこそ女性たちの自尊心が高まり、自分で自分を大切に扱えるようになる。

「同情も絶対に禁物です。同情されると、自尊心を保つのが難しくなります。かつて顔にトラブルがあった私にはその気持ちがよくわかるから、医療機関でメイクする時も、雑誌の撮影でモデルさんにメイクする時と同じ方法でやりますし、化粧品もまったく同じものを使います。そのために技術を磨き、化粧品を開発してきました」

実際にかづき氏やそのスタッフがメイクを行っている場面に立ち会うと、それが形成外科の患者であろうと精神科の患者であろうと、またアルツハイマーのお年寄りであろうと、美を追求するプロフェッショナルとして、真剣に相手の顔に向き合っているのがわかる。

「かわいそうだからメイクしてあげる」という気持ちがないのはもちろん、「治療の一環としてメイクをしている」という意識さえおそらくはないのではと思わせる緊張感がそこにはある。一瞬一瞬が、相手の個性を見極めて美を引き出すプロとしての真剣勝負であることが、傍で見ている人間にも伝わってくるのである。

醜形恐怖の背景にあるものは

醜形恐怖の背景にあるのは、見た目を過剰に重視する社会である。

他人に受け容れられたいという願望はどの時代にも普遍的なものだが、自分のコミュニケーション能力の低さや人間的な未熟さゆえにそれが叶《かな》わない時、外観のせいにする人が増えているのは、「美しさが人の価値を決める」という風潮が広がっていることが大きい。

私たちが見た目を過剰に気にするようになったのは、映像ツールの発達・普及によって、自分の客観的な姿を目にする機会が増えたことも大きいのではないだろうか。つい一〇年ほど前まで、自分自身の姿を客観像として見るためのツールといえば、プリントされた写真くらいしかなかった。それも、写真を撮る機会は旅行や誕生日などのイベントくらいで、現在よりずっと限られていた。

それが今や、ビデオ、プリクラ、使い切りカメラ、デジタルカメラと手軽に使える映像機器が飛躍的に普及した。しかもプリクラが大流行した頃から、自分の姿を写した画像は単に記念として残しておくためのものではなく、他人に送り配るもの、つまりコミュニケーションツールとなった。インターネットを通じて簡単に写真を送信することのできるデジタルカメラの普及や、写真や動画を気軽に送り合うことができる携帯電話の登場で、その傾向にはさらに拍車がかかった。

自分を客観的な画像として見る機会が少なかった時代ならば、実際よりも何割か美化された自己イメージを抱くことも可能だったろうが、現代ではそれは難しい。客観的な自己像をつねに突きつけられ、いやでも欠点が目につく。

醜形恐怖自体は一〇〇年以上前から報告されている病気だというが、近年目立って増えてきたことにはこうした事情が関わっているのだろう。もともとは女性に多かったが、昨今は男性にも非常に多くなってきたことも、男性も美醜にこだわり、「男は中身で勝負」という考えが通用しなくなってきた世の中を反映している。

「見た目を重視しすぎる世の中は確かに間違っている。でも世の中が悪いと口で言っているだけでは何も変わりません。今目の前にいて苦しんでいる人の手助けをするにはどう

したらいいか。自分のできる範囲でそれをやっていくのが私の仕事だと思っているんです」(かづき氏)

外観から入って心にアプローチするといっても、美容形成については注意が必要だと、町沢医師もかづき氏も口を揃える。

「心を病んでいる時には絶対にやってはいけない。逆効果です。何度も手術することになりかねません。しかし、その患者がどんな精神状態なのかなどまったく考えずにやってしまう美容外科医もいます」(町沢医師)

「日本人の場合、美容形成にはどうしても後ろめたさがつきまといます。手術をする時は、きれいになりさえすればあらゆることがうまくいくような幻想を抱いてしまいがちだけれど、やってみてしばらくすると、そんなことはないと気がつく。そうすると、以前の落ち込みよりも、もっとひどい落ち込みがやってきます。顔にメスを入れたという後ろめたさがあるから、よけい立ち直れない。そうやって、〝次はここ〟〝ここさえ直せば〟と、美容形成を繰り返す例を、私はいやというほどたくさん見てきました」(かづき氏)

前述のように、メイクは過程そのものがセラピーの要素を含んでいるし、〝自分自身のままで〝きれいになれるからこそ患者は自己肯定できる。事実、かづき氏のメイクは、別人のようにきれいになるのではなく、もともとの顔に、みずみずしい生気が加わるといった感じだ(一五三頁参照)。自信のなさを顔の醜さに置き換えて悩んでいる醜形恐怖の患者が、自分ではない顔になったことで自信を取り戻せるとは、確かに考えにくい。

必ずチームを組んで

形成外科の患者が誰の目にも見える外観のトラブルを抱えているのに対し、醜形恐怖の患者のトラブルは他人には見えない。

しかし、患者が自分の外観を受け容れることができず、それによって心が傷つき社会生活に支障をきたしているという点では同じである。だから両者ともに「患者が求めている美を提供することを突破口に、本人が自分自身を受容する支援をするための技術」としてのリハビリメイクが効果を発揮するのだ。

ただ、本人以外には見えないトラブルに対処しなければならないという点において、醜形恐怖の患者へのメイクは、たとえば広範囲熱傷など高い技術が要求される形成外科の患者へのメイクより、ある意味で難しいともいえる。かづき氏も、精神科の患者へのメイクについてはまだ模索の段階であると話す。

「醜形恐怖に限らず、精神科の患者さんには慎重の上にも慎重を期して接することが必要です。メイクをしていい人といけない人がいますし、同じ患者さんでも、していい時といけない時がある。一見、明るく見えても、薬の影響で気分が高揚していることがあります。そんな時にメイクをしてさらに高揚させてしまうと、その反動で落ち込むこともあるのです。精神面に問題があると感じた人に対しては、自分だけの判断で施術を行わず、必ず精神科医とチームを組んで対処することが必要です」

メイクと医療の連携とは、医療からメイクへ、あるいはメイクから医療へと患者を手渡すことではない。両者が密接な情報交換をしながら、継続的な協力体制のもとに一人の患者を支援していくこと。それこそがメイクと医療をつなぐ営為であることを、精神科における連携のあり方は端的に示しているのではないだろうか。

3　病を得た後も人生は続く――がん医療との連携

抗がん剤による脱毛、やつれで容貌が変わってしまう

二〇〇一年六月、かづき氏は、子宮・卵巣がん（婦人科がん）の患者によるサポートグループ「あいあい」の主催で「がんのリハビリメイク」と題する講演を行った。二〇〇二年一月には、癌《がん》研究会附属病院婦人科の宇津木久仁子《うつぎくにこ》医師の依頼で、同病院の外来待合室で講演とメイク実演を行っている。

当初、かづき氏のリハビリメイクのおもな対象は、顔の外傷やあざなどであった。しかし、みずからもがんの経験者である「あいあい」の主宰者まつばらけい氏と、常時一〇〇人近くの婦人科がんの入院患者を抱える癌研病院婦人科の宇津木医師から「がん患者にと

って、病気によってやつれたり、抗がん剤治療で髪の毛や眉毛、まつ毛が抜けて容貌が変わってしまうことが非常につらい」と聞き、リハビリメイクを必要としているのは外観に直接的な損傷を受けた人だけではないことをあらためて感じたという。

医学の発達によって患者の生命が救えるようになった結果、外観が変化した状態で暮らす上でのＱＯＬがクローズアップされてきたという状況の変化は、形成外科だけに起こっているのではない。

たとえばがんの場合、検診の普及や治療法の進歩によって生存率が高まったことで、患者が病気とともに生きる時間が長くなってきている。こうした中で重要になってくるのが「闘病中を含め、病を得てからの人生を、病と共存しつつどう充実させて生きていくか」ということだ。メイクをそのために役立てようと、患者グループとがん専門医という、がんに日々向き合う二つの立場の当事者双方からのアプローチがあったということは興味深い。

ただし現在のところ、がんに関しては形成外科のように医療機関においてリハビリメイクが実践されるところまでは至っていない。顔の外傷と違って、内臓疾患の場合、メイクを「治療で達成できない患者の満足を直接的な形で補うもの」とは捉えにくい面もある。しかし、婦人科がんは女性疾患であるため、宇津木医師のように化粧の心理効果に着目する医師もおり、その点ではメイクと医療の垣根は低いともいえる。

何よりも、患者自身が「メイクで元気になりたい」と積極的に声を上げている分野だ。「あいあい」主宰の講演会では、退院直後だという女性が壇上でかづき氏によるリハビリメイクを体験し、「やつれた顔では家族にも心配をかける。元気な顔にしてもらって、頑張っていく力が湧いた」と語った。抗がん剤の副作用で眉毛とまつ毛が抜けたという別の女性は、脱毛をカバーするメイク法を質問し、かづき氏が具体的なアドバイスをする場面もあった。

このように、婦人科がんの分野ではリハビリメイクを受け入れる素地がすでにあり、今後連携が急速に進んでいくことも考えられる。婦人科がん患者がメイクを必要とする背景から、がん治療の現場におけるメイクの可能性を考えてみたい。

病棟内での化粧を許可した病院

婦人科がんの研究と治療に携わってきた宇津木医師は、リハビリメイクを知る以前から外観ががん患者の心に与える影響に注目してきた。宇津木医師が勤務する癌研病院婦人科では、二〇〇〇年から病棟内での患者の化粧を許可している。

化粧の心理効果を重視したこの方針については後述するが、まずは宇津木医師が患者の外観のケアのため、二〇〇〇年一月から婦人科の看護師とともに行ってきた「帽子クラブ」の活動に触れたい。

「帽子クラブ」は、抗がん剤の副作用で髪が抜けてしまった患者のために、簡単にできてお洒落な帽子の作り方を教える会だ。癌研病院婦人科では、入院患者の約七割が抗がん剤治療を受けている。脱毛は、抗がん剤によって毛根の細胞が破壊されるために起こるもので、最初の投与から三週間ほどして抜け始める。再び発毛が始まるのは、最後の投与が終了してから二〜三ヶ月後になる。髪の毛は普通、一ヶ月に一センチくらいずつ伸びていくので、たとえば六ヶ月間抗がん剤を投与した場合、ショートカットの人でも、元の長さに戻るまでに一年以上かかることになる。

髪の毛が抜けてしまうことは、また生えてくることがわかっていても、患者にとって非常につらい。そのつらさを少しでも軽くするためにこの会はスタートした。帽子の素材はタオルやバンダナなど。安全ピンや輪ゴムでとめて簡単にできるものばかりだ。最近では、市販の腹巻きを使って作る方法も好評だという。

講習会は月に一回。外来の待合室で行うため、入院患者以外も参加・見学ができる。活動を知った一般の人が新しい作り方を考案して教えてくれることもある。自分で編んだ帽子を寄付してくれた人もいる。

宇津木医師がこの会を始めたきっかけは、一九九八年に出会った一人の患者だった。彼女は抗がん剤による脱毛を可愛い帽子でカバーしていた。キャラクターがプリントされたネル地のものやパジャマとお揃いのものなど、見ていて楽しくなるような帽子をいくつも持っていた。

「それまで私は、患者さんの脱毛を〝治療上、仕方のないもの〟として捉えていました。抗がん剤投与の間だけだから我慢してもらうしかない、と。でも、お洒落な帽子をかぶった彼女は、とても生き生きして見えたんです」

抗がん剤治療の最中でもこんなふうに楽しめるのだと、まさに目からウロコが落ちる思いだったという。

最初、宇津木医師は服飾メーカーに交渉して、患者用の帽子の試作品を作ってもらった。病院内の売店で試験的に販売し、その後商品化されたものもあるが、デザインと機能性、価格のすべてで患者を満足させるものはなかなかなかった。「採算面でも難しいだろうし、企業に作ってもらうのは無理かもしれない」と、最終的に手作りの帽子に落ち着いた。

最近では、患者側からも要望やアイデアが寄せられるようになってきた。「帽子をかぶっていても、髪の毛が全然ないのはさびしい」という声に応えて、帽子につけるつけ毛も考案し、販売にまで至った。

以前にも、入院中に自分で工夫して作った帽子をかぶっている患者はいたという。しかし、本人が退院してしまったらそれっきりで、次の患者たちに伝えていく動きは起こらなかった。

「最初は、私たちが手を出さず患者さんたちで教え合えばいいいんじゃないかとも思いま

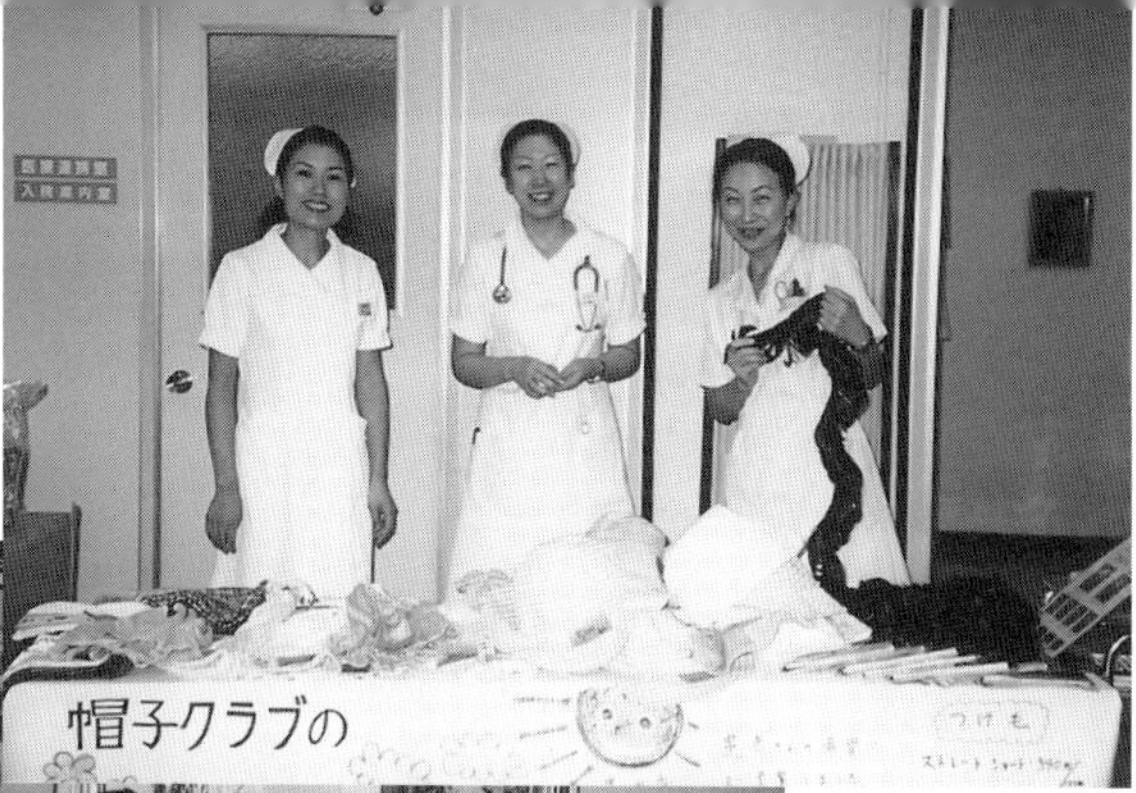

右／病院内バザーで「手作り帽子」を出品．帽子クラブ考案のつけ毛も販売した．

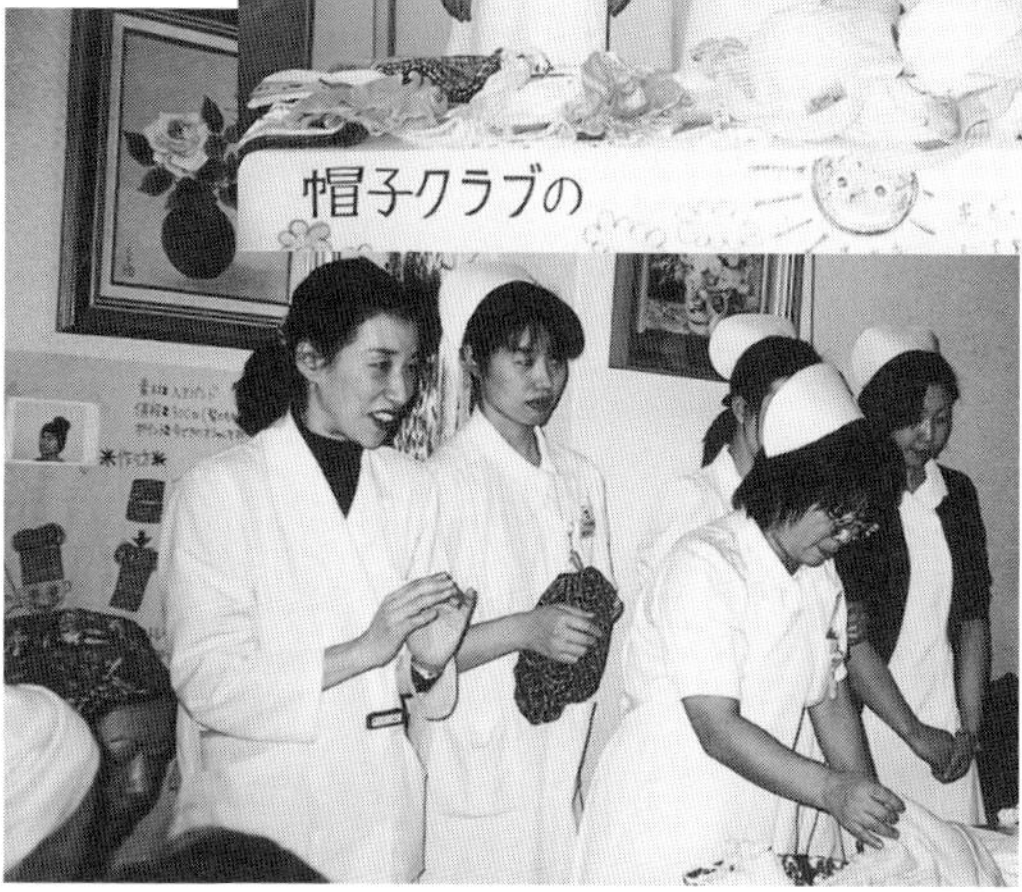

左／手作り帽子の講習会．簡単なメイクのコツもアドバイスしている．

した。でも実際には、そこまでするパワーは患者さんにはないのが現実です。がんとわかった時点でたいへんな衝撃を受けていらっしゃるわけですし、その後、手術や抗がん剤治療に耐えているわけですから。それなら私たちがきっかけを作ってもいいじゃないかと思ったんです」

　体力と気力が萎《な》えている時には、何が自分を元気にしてくれるかを思いつくことも難しい。「こういう選択肢があるよ」と元気になる方法を提示することも、医療の役割のひとつなのではないか――こうした考えは、リハビリメイクと共通している。顔のトラブルをカバーしたくても「自分たちでそれぞれ工夫すればいい。そこまで面倒を見ることはない」というのがこれまでの医療だった。そこから一歩踏み出したのがリハビリメイクだったのだ。

少しでも気持ちを明るくするための工夫

「帽子クラブ」のような活動を「命にかかわることではないのだからどうでもいいこと」と言う医療従事者がいることも宇津木医師は承知している。また、こうしたことは医師や看護師の仕事ではないと言う人がいることも事実だ。この会の活動は通常の仕事をすべてこなした上で、勤務時間外に行っている。看護師たちも同様だ。

「こうした活動って、やらないことが実は一番簡単。でも、同じ女性として脱毛に傷つくことはすごくよくわかる。それを、ちょっとの工夫で気持ちが明るくなるとしたら、提案しない手はないでしょう」

宇津木医師が勤務する癌研病院の婦人科は、日本でもっとも婦人科がんの患者が多い病棟だ。「ここでやらずして、どこでやるんだ！」という使命感のような気持ちもあると宇津木医師は語る。

アメリカでがんの治療施設を見学した時、宇津木医師は帽子やかつらなどを販売するアメニティショップが充実しているのを見て感嘆した。また、学会自体も、患者のケアのための商品を満載したパンフレットを作成している。やはり日本ではこうした取り組みが遅れていると感じたという。

そうした経験もあって、入院患者のために業者にかつらや帽子を病院に売りに来てもらうことを提案してきたが、なかなか実現に至らなかった。しかし働きかけの甲斐があって、二〇〇五年に移転が予定されている癌研病院の新しい建物の中には、女性患者のためのアメニティショップができることになった。かつらや帽子のほかに、手術後の下肢《かし》のむくみのためのマッサージ器、左右別々のサイズを選べる靴、乳がんの人のための下着、抗がん剤で吐き気がする人のための無香料の化粧品なども販売する予定だ。「すでに図面上に場所も確保してあるんですよ」と、宇津木医師は笑顔になった。

こうした活動と並行して宇津木医師が考え続けてきたのが、メイクによって患者を少しでも元気にできないかということだった。

前述したように、二〇〇〇年に婦人科病棟内での患者のメイクを解禁。手術を控えた外科などでは無理だが、婦人科病棟においては、メイクをするかしないかを本人の判断に一任している。「顔色がわからなくなる」という声には「自分でお化粧するくらい元気のある人なら心配ない」と答えるようにしているという。

「ただし、抗がん剤の投与中は匂いに敏感になりますから、匂いの少ない化粧品を使うように配慮してもらっていますが」

さらに、化粧品メーカーに依頼してスタッフに出張してもらい、病院内でメイク指導をしてもらう試みも行ってきた。こうしたことが、後に出会うリハビリメイクへの関心と共感につながった。

外観は生活史と結びついた個性である

病棟内での化粧を許可してもかまわないのではないかと考えるに至った理由について、

宇津木医師はこう語る。

「それまで社会の中で活躍してきた女性が、ある日突然がんだと告げられる。それだけでもたいへんなショックなのに、入院したら、それまで人前に出る時はいつもしていたであろう化粧も許されない。恥ずかしいし、心細いに決まっています。そんなふうにその人のプライドを奪ってしまっていいんだろうかと、ずっと思ってきました。ひとりの大人の女性に向き合う態度として、失礼なのではないか、と」

宇津木医師の言うように、本人にとってかけがえのない自分らしさの一部である外観の個性を奪われることは、それまでの生活史を無視されることでもある。

医療機関内においては、たとえば患者の家族関係や職業、宗教や価値観などについては配慮されることがあっても、外観に関しては軽視される場合がほとんどだ。入院患者は、着ていた服も、していた化粧もはぎ取られて、ただの「病を持った体」として扱われてしまう。

医師にとって患者は最初から患者として存在する。しかし、彼らはそれまでの暮らしの中でそれぞれが社会的役割を持ち、それにふさわしい外観の個性を作り上げてきているのだ。まず生命を救うことが第一なのはいうまでもないが、できる限りそれを尊重しなくては、まるごとの「人間」としての患者と向き合えないのではないか。

従来、医療の現場では「患者にとって何が最良かをわかっているのは医師。患者はとにかく医師に従っていればよい」という考えがまかり通ってきた面がある。これは、医療におけるパターナリズム(父権主義・温情主義などと訳される)と呼ばれる。医師は慈愛にあふれた父親のような「与える人」で、患者は何も知らない子どものような「受けとる人」という構図である。患者には判断のための十分な情報が与えられず、結果的に選択や行動の自由が制限されてしまう。

患者がすべて女性である婦人科では、特に医者と患者の関係がパターナリズムに陥《おちい》りやすい危険をはらんでいる。パターナリズムの背後にあるのは、家父長制度にもなぞらえられる支配―被支配の構図であり、「与える人」は男性に、「受けとる人」は女性に、容易に置き換わるからだ。これまで医師の側が、女性にとっては大きな問題である外観を軽視してきたことは、男性的な価値観が医療の現場において支配的であったことと無関係ではないのではないか。

それだけに「見かけなんかどうだっていいじゃないか」「患者が病院内で化粧なんてとんでもない」という男性的な価値観を「本当にそうなのだろうか」と問い直す動きが医師自身の側から起こったことは注目に値するし、それが女性医師であったことは必然といえるだろう。

近年、医療の場において、患者が医師や医療機関に対して声を上げる動きが広がりつつあり、そのことが医療のあり方を変えてきているが、筆者には「医療の現場にメイクを」という主張は、女性(的価値観)が男性(的価値観)に対して声を上げているようにも思える。これまで相手の価値観に従い、与えられるものだけを受け取っていた側が自分の欲しいものを求めはじめたのだ。

メイクで元気な顔を作る

かづき氏も以前から、「メイクが見栄《みえ》やお洒落ではなく、自分を元気にするものだということを、当の女性たちはとっくに知っている。ただ男性の中に、まだまだ化粧をするということへの抜きがたい偏見がある」と語ってきた。メイクと医療をつなぐ上で障害になるもののひとつが、男性的価値観からくる化粧の地位の低さなのである。

かづき氏は〝化粧〟という言い方をなるべく避けて〝メイク〟という言葉を使う。それは〝化《ば》けて、粧《よそお》う〟と書くこの言葉に「自分を飾って本来の姿でないものになろうとする」というニュアンスを感じるからだ。その認識を変え、メイクを「自分を受け容れ、社会復帰するためのツール」として認知させることが、かづき氏が目指すリハビリメイクの役割でもある。

「私、講演などでいつも言うんです。化粧という言葉を作ったのは、きっと男性だったに違いないって。〝化粧は化けるためのもの〟〝女はとにかく素顔が一番〟という発想をそのまま自分のものにしてしまったら、メイクそのものが後ろめたい行為になってしまう。男の人ってよく、メイクした女の人に〝うまく化けたね〟なんて言うけれど、冗談にしてもああいう言い方には反発を覚えます。メイクであざや傷をカバーし、やっと顔を上げて歩けるようになった人に〝化けたね〟なんて言えますか？」

今後は医療にもサービス業としての側面が求められるようになっていくと思われるが、

男性の価値観のみがまかり通る状況の中では、いつまでたっても女性にとって真の満足は得られない。

その意味で、病棟内でのメイクを「患者の人格を尊重するもの」と位置づけ、取り入れたこの病院側の姿勢の変化も、医療が変わりつつあることのひとつのあらわれと言っていい。こうした動きがすでに生まれてきていることは、婦人科がん治療の現場において、さらにはがん治療全般においても、リハビリメイクが今後、一定の可能性を持ち得ることを意味するのではないだろうか。

治療と普通の暮らしを共存させるために

病棟内でのメイクが許可された背景には、治療中だからといって何もかも我慢するのではなく、なるべく普通に暮らすほうがいいという考えがある。

「がんには重い人もいれば軽い人もいます。だから患者さんの希望に対して〝治ってからやればいいでしょう〟〝それは退院してからにしてください〟とは言いたくない。患者さんにとっては、今、この時間が大事。化粧に限らず、楽しいこと、いいことは先延ばしにしてほしくないと思うんです」(宇津木医師)

メイクだけでなく、病院内での服装にもお洒落心を忘れたくないという患者はたくさんいる。そんな人たちのためにプロのスタイリストを招き、機能的でお洒落な病院内でのファッションを提案してもらうことも企画した。ちょっとしたことで楽しくなれるのが女性であることの利点であり、自分が元気になって気力が出るものはどんどん取り入れればいいと宇津木医師は言う。

「たとえば、癌研病院に勤務する以前のことですが、大きなトトロのぬいぐるみをベッドサイドに置いていた五〇代の患者さんがいたんです。ある男性医師は〝いい歳して何なんだ〟と陰で言っていましたが、つらいこともたくさんある入院生活で、心が和《なご》むものをそばに置いておきたい気持ちが私にはよくわかりました。可愛いもの、きれいなものを見てその人が嬉しくなるんだから、それでいいじゃないですか。同じように、化粧してきれいになった自分の顔を見て元気になる、それが女性の得なところなんです」

入院中であるか社会復帰したかに拘《かか》わらず、病とともに生きる時間もまた、その人の人生の大切な一部である。治療と普通の暮らしをなるべく共存させるべきだという宇津木医師の考えは、今後の医療のスタンダードとなっていくだろう。世界でも有数の長寿国である日本社会では、生活習慣病をはじめとする〝完全に治りきる〟ということがない病気を抱えて生活していく人が今後ますます増えるはずだからだ。

　がんにしても、抗がん剤の副作用を抑える薬が開発されたことや、外来で抗がん剤を受けられる施設のある病院が出てきたことから、これまでならば入院治療が常識だったような患者が仕事に復帰し、通院によって治療を受けることを選択するケースが出てきている。

　がん患者とその家族をおもな読者とするがんの専門誌『月刊がん　もっといい日』（日本医療情報出版）では、二〇〇一年四月号から一二月号まで「抗がん剤を外来で！」と題する連載記事を掲載した。闘病と日常生活を両立させることでQOLを向上させたいと望む読者の声に応えてのことだ。医療ジャーナリストの柄《え》川《がわ》昭彦《あきひこ》氏が、国立がんセンター中央病院、聖路加国際病院、埼玉県立がんセンターのデイケアセンターなど、外来で抗がん剤治療を受けることのできる病院を取材し、そこで実際に通院治療を受けているがん患者の生活ぶりを紹介している。

多くのがん患者の声に接してきた同誌編集部のはが里枝《さとえ》氏は、

「闘病中の方が望んでいるのは、病人として暮らすのではなく、できる限り普通に社会生活を送ること。余命が限られていることを知った方も、闘病だけに時間を費すのではなく、最後まで自分自身の人生を悔いなく生きたいと思っていらっしゃるのです」

と語る。

はが氏によれば、読者からの手紙を読んでいてもっとも強く印象に残ったことのひとつが〝畳の上で死にたい〟という言葉だという。これは、すなわち〝最後まで畳の上で生きたい〟ということだろう。家族がいて、仕事があって、見慣れた風景がある。自宅の畳に象徴されるそんな「日常」を継続することが、病とともに生きる人の心の支えになる。

『がん六回　人生全快』(朝日新聞社、二〇〇一年)を著して話題になった関原健夫《せきはらたけお》氏も、働きながら闘病した。銀行マンとして金融業界の第一線を退くことなく、一六年間に及ぶ闘病生活を乗り切ったのだ。

外来で抗がん剤治療が受けられる医療機関は限られている。患者に時間をかけて十分な説明をし、病状の変化に合わせた投与を行うためには、どの病院も抗がん剤の扱いに習熟した医師の数が足りないのが現状だという。患者が途中で脱落することなく外来治療を続けるためには、精神面も含めたきめの細かいケアも必要になってくる。

しかし、外来治療を受けられる医療機関は今後、増えていくに違いないとはが氏は言う。社会復帰した上で治療をしたいという患者側の声が、無視できないところまで来ているからだ。

「患者さんの声で医療が変わっていく時代です。〝こんなふうに生きたい〟という患者さんの願いに応えていくのがこれからの医療でしょう」(はが氏)

医療従事者の意識の変化

病を得た後も、人生は続いていく。病気の前後で人生が分断されてしまうことは誰にとっても大きな苦痛だ。女性の場合は特に、外観が変化してしまうことで「もう以前の私ではない」と感じてしまう。宇津木医師は、多くの女性患者と接することでそれを目の当たりにしてきた。だからこそ、かづき氏の「病人は病人らしくしていればいい、という考えは生きる気力を奪う。元気な時となるべく変わらない、病人らしくない外観を作ることが大事」という主張と技術に出会って共感したのだ。

宇津木医師がかづき氏に病院内での講演を依頼したきっかけは、癌研を見学に来た看護学を学ぶ大学院生に、がん患者の外観のケアに興味があると話したところ「あいあい」の活動とリハビリメイクについて教えられたことだった。

二〇〇一年六月の「あいあい」主催の講演を聴いた宇津木医師は、ある女性が抗がん剤治療の副作用で眉毛だけでなくまつ毛も抜けたことでぼんやりした顔になるのがイヤだと訴えたことと、かづき氏が「つけまつげを使うといいよ」と言ってその方法を指導したのが印象的だったという。

「眉毛については、なくなると顔が変わっていやだろうな、と私も思っていて、化粧品メーカーの方を招いての講習会などでレクチャーしてもらっていたんです。でもまつ毛のことはあまり考えてこなかったし、当事者もそれほど気にしていないと思っていた。だけど、当事者の思いというのはまた別なんですね。どこまでやれば納得するのかという美に対する感覚も人によって違うと気づきました」

女性の要望に「つけまつげは一〇〇円ショップで売られている安いもので十分。そのまつけると毛の量が多くて不自然なので、はさみで適当に間引いて使う。長さも少しカットする」と即座に答えたかづき氏のアドバイスに、さすがはプロフェッショナルだと感心したという。

その後宇津木医師は、かづき氏のスタジオで行われているリハビリメイク教室を見学し、かづき氏の話を自分の患者にも聞いて欲しいと病院内での講演を依頼した。この講演は二〇〇二年一月に実現した。

この時の講演の場所が講堂や会議室のような場所ではなく、他の科の患者や見舞い客、医師、看護師、職員など、性別も立場もさまざまな人が出入りする外来待合室だったのは興味深い。前列には点滴を下げたスタンドを引いて病室からやってきた入院患者がおり、後方では診察を待つ外来患者や見舞い客が耳を傾ける。通りがかりに足を止める職員もいた。

「帽子クラブ」の月一回の講習会でもこの場所を使っているということだが、こうした情報発信を、誰もが気軽に聴けるオープンな場で行うことの意義は大きい。リハビリメイクの当事者は患者のみ、女性のみではない。メイクと医療をつなぐ試みは、医療に関わりを持つさまざまな立場の人に、医療の枠組みを考え直す機会を提供することでもあるのだ。

宇津木医師は、こうした講演会のほかに、定期的に病院内でメイク講習を行うことができないかと考えている。抗がん剤治療中の入院患者が眉毛やまつ毛の脱毛をカバーする方法を学ぶほか、やつれた外観で社会に戻っていかざるを得ない退院前の患者にとっても、元気に見えるメイクを身につけることが必要だと感じている。今後のメイクと医療の連携については、若い世代に期待してこう話す。

「私にリハビリメイクのことを教えてくれた大学院生は、やがて看護大学の教官になる立場の女性です。彼らは、どんな時も自分が納得のいく外観で過ごすことが大切だということを当然のこととして受け止められる世代。今後は医療界全体のメイクに対する考え方も変わってくるのではないでしょうか」

かづき氏もまた、若い医療従事者の意識が変わってきていることを感じるという。

「医学生にリハビリメイクについての講義や講演を行うと、男子学生が最前列で身を乗り出すようにして聞いています。そして、熱心にノートを取っている。学会でメイクの実演をするような時も、若い男性医師たちが総立ちになって、食い入るように見ています。彼ら若い世代には、男性にもメイクへの偏見はほとんどありません。こうした将来をになう世代に、より広い視野に立って患者さんの満足を追求する姿勢の大切さを教育していくことが大事なのではないでしょうか」

4 最期の日々、そして人々の記憶の中でもその人らしく
――ターミナルケアの中でのメイク

ある「在宅ホスピス医」の声

かづき氏の活動に賛同する医師のひとりに、内科医の内藤いづみ氏がいる。山梨県甲府市で小さなクリニックの院長を務める内藤医師は、自宅で最期を迎える末期がん患者をケアする「在宅ホスピス医」でもある。痛みを緩和することによって、患者が残された生を安らかに全うし、納得のいく死を迎えるための援助を行っている。

内藤医師は、かづき氏の著書を読んだことからリハビリメイクの存在を知り、「その根底にある哲学に共鳴して」コンタクトを取った。講演などを通じて看護師や一般の人々にリハビリメイクを紹介している。

メイクをファッションとしてではなく、病を得た人が日常を取り戻す手段として捉えているところに、かづき氏と内藤医師の共通点がある。内藤医師は言う。

「自分の命の時間が限られていることを知った人にとって大切なのは、病に奪われかけていた自分の人生をもう一度取り戻すことです。外観を整えるということもまた、残された時間をその人らしく前向きに生き切るための要素のひとつだということを、私は一五年前にイギリスのホスピスで学びました」

内藤医師は一九八六年に渡英し、グラスゴーにあるホスピスで研修を受け、非常勤医として五年間働いた経験をもっている。イギリスのホスピスは、病院内にあるもの、独立型のもの、在宅支援のみのものなどいくつかの形態がある。内藤医師が感心したのは、自宅で過ごすことを選んだ末期がん患者が定期的に通ってくるデイケア機能が充実していることだった。女性患者の多くは、デイケアにやって来た際、ホスピス内の美容室を訪れる。そこでボランティアのスタッフに、髪を整え、メイクをしてもらうのだ。

「どんな人もきれいになれるのが当たり前という考えがあり、そのための施設がちゃんと整っていました。当時のイギリスには約一四〇ヶ所のホスピスがありましたが、そのほとんどに美容院がありました」

イギリスのホスピスを初めて訪れた人には、どの人ががん患者でどの人がボランティアの女性なのかわからないこともあるのではないかと内藤医師は言う。患者もまたきれいにメイクをし、お洒落をしてボランティアの人たちとお喋りをする。患者にとってデイケアにやって来ることは、ひとつの社会復帰のあり方であり、生きる意欲を見出すことでもある。

日本では病院の中で最期を迎える人がほとんどだ。本人にとっては不本意なことが多いであろう人生の閉じ方をする人たちを見てきた内藤医師は、当時、末期がんでも最期まで社会と接点を持って暮らすことを当然と考えるイギリスのホスピスをうらやましく感じたという。そうしたことがなぜ日本ではできないのだろうという疑問が、現在の在宅ホスピス医としての仕事につながっている。

イギリスのホスピスでは、支援に携わっているのは医療に従事する人だけではなかった。いろいろな人が自分の役割の範囲を守りながら、ひとりの患者がどう生きるかの手助けをしていた。このような体制が日本にも必要なのではないかと感じていたからこそ、かづき氏のリハビリメイクに出会った時、医療の役割を幅広く捉え、多様な立場からの支援のあり方のひとつとしてメイクを位置づけるその考え方に共鳴したのだった。

「体の痛みさえ取れれば、患者さんはメイクしようという気持ちになれる。女性のほとんどが、それまでの人生で日常的にお化粧してきていますから、いつものようにメイクをすることは、日常を取り戻すことでもあるんです」

緩和ケアによって痛みから解放された患者は、内藤医師が「今日行きますよ」と連絡しておくと、口紅をさして待っていたりする。それだけで表情までが生き生きして見えるという。

「お客さんが来るならお化粧して会いたい、と患者さんが思うところまで持っていくのが私たちホスピス医の仕事です。たとえば体がつらくてそこまでいかない日や、患者さん本人が動けない時は、家族や看護婦が体をふいて清潔にしてあげたり、髪をとかしてあげる。こんなふうに、患者さんの気分が少しでもよくなるよう心身を整えるというのも、大切な支援のあり方のひとつ。広い意味でリハビリメイクの概念に含まれるのではないかと思うんです」

ターミナルケア（終末期支援）の段階にある患者には、リハビリメイクが目標とする〝社会復帰〟という前提はない。しかし、生きている限り、人は社会とつながっている。最期まで世の中との交流を失わずに生きたいと願う患者にとって、メイクは重要な支援のツールとなるのだ。

看取る家族のために

それまで苦しめられていた痛みから患者が解放された時、本人にも家族にも、ほっとして落ち着いた時間が訪れる。そんな時期を見計らって、内藤医師は家族写真を撮ることを提案している。

患者自身も病気の進行を知りつつ緩和ケアを受けていることが多く、本人も家族も自分たちで写真を撮る気になかなかなれない。しかし、つらいことの多い闘病の日々もまた、かけがえのない人生の時間だ。最期の時を生きる患者とその家族の記録を残すことには意味があると内藤医師は考え、タイミングを見て背中を押す。

撮影の当日、女性患者はメイクをし、髪を整えて待っている。その姿を、内藤医師は「いのちの輝きに包まれる瞬間」と表現する。

「その人らしい輝きに包まれること。それこそが、死の恐怖を乗り越え、生きる力となるのです」

家族は、本人が亡くなってすぐには、写真を見る気持ちになれないことが多い。内藤医師は「まるでお骨《こつ》を預かるように」、写真を大事に保管しておく。五年、一〇年後には、家族にとって大切なものになることを知っているからだ。

患者の最期を支える家族は、一日一日を必死の思いで暮らしている。日記をつける余裕もなく、後で振り返ってもほとんど何も覚えていない場合も多い。そんな時、一枚の写真すら残っていなければ、思い出すよすがが何もないことになる。

最期の日々を本人はどんな表情をし、どう過ごしたのだろうか。その時、自分たちはどういう顔をしていたのか——家族がそれを知りたくなる日がやがて来ることを、多くの患者のケアに携わってきた内藤医師はよく知っている。

「ああ、これがおばあちゃんの人生だったんだな。そこに私もいたんだな——そんなふうに、亡くなった人と自分たちが共有した時間を思い出すことは、残された人たちにとって慰めになりますし、家族の死を受け容れることにもつながるのです」

そんな役割を果たす写真に写った本人の顔が、たとえ病気でやつれてはいても、おだやかで明るい表情をしていたなら、家族はどんなにか救われることだろう。ターミナルケアにおけるメイクは、患者本人のためのものであると同時に、看取る家族のためのものでもあるのだ。

「遺影のためのメイクを」

死を前にした人が、メイクによって本来の輝きを取り戻すことは、本人のためだけではなく家族をはじめとする周囲の人々のためでもあることを、かづき氏もまたリハビリメイクの実践を通して実感している。

かづき氏がターミナルケア期におけるメイクの役割について考えることになったきっかけは、二〇〇一年に出会ったひとりの女性だった。

三九歳のその女性は、前節で紹介した「子宮・卵巣がんのサポートグループあいあい」の運営メンバーの一人だった。彼女は、自分の死がそう遠くないことを知り、延命のための治療をやめて痛みをとる処置だけを受けていた。なるべく日常に近い生活をしたいと望み、エステに通ったり家族と旅行に出かける毎日を送っていた。

前述の「あいあい」主催の講演でリハビリメイクに接し「私にもぜひメイクをしてほしい」と、かづき氏のスタジオを訪れたのだという。

「彼女の依頼は〝遺影のためのメイク〟でした。お葬式の時、写真の中の自分がやつれた顔をしているのはいやだというんです」(かづき氏)

彼女は、「あいあい」で出会った仲間の死に接しその葬儀に出席するたびに、「遺影の大切さ」を強く感じるようになったという。そして、自分の遺影を自分で用意しておこうと決めたというのだ。

依頼を引き受け、かづき氏は彼女にメイクを行った。独自のマッサージを行い、ファンデーションを塗り、眉を整える。頬紅《ほおべに》、アイライン、マスカラ、口紅と進むうちに、本人の目に、生き生きとした輝きが宿ってくる。本来の魅力が前面に出た生気にあふれる顔が完成すると、呼んであった美容師に髪を整えてもらい、別室でプロのカメラマンによる撮影が行われた。

「メイクした自分の顔を見た時の彼女の嬉しそうな笑顔は、私自身がメイクの仕事をやっていく上での力になっています。死を前にして弱っているはずの人の命の輝きから、計り知れない大きな力をもらったんです」

メイクの最中、かづき氏は女性から「先生、私が死んだら、死に顔のメイクもお願いします」と頼まれた。

最初は戸惑ったという。いわゆる「死化粧」を行った経験は、親族とごく親しい人物の死に接した時の二回だけ。死化粧は基本的に家族が行うものであり、リハビリメイク本来の目的になじまないのではないかという思いもあった。

「私、言ったんです。リハビリメイクは、あくまでも人を元気にするためのもの。だから死化粧は目的がちょっと違うかなって」

すると女性はこう言ったという。

「じゃあ先生、私の両親を元気にするためだと思ってやってください」

これから自分の顔はもっとやつれていくだろう。娘の死に顔がやつれきって苦しそうなものだったら、両親はどんなにかつらいに違いない――それを気遣っての「親が安心する顔を作ってほしい」との依頼だったのだ。

それを知ったかづき氏は、即座に承知した。

「死を前に、ここまでの境地に達する人がいるのです。ここに至るまでに彼女は、私たちには想像もつかないほどの葛藤《かっとう》を乗り越え、死の恐怖と闘ったはずです。その強さと思いやり、そして人間性の深さに心を動かされずにはいられませんでした」

ターミナルケアにおいて、メイクは本人だけでなく家族にとっても力を持つ。そして、自分の死に顔を見て家族が悲嘆《ひたん》にくれることのないようあらかじめ心を配っておくというその行為自体が、患者本人に安心感をもたらすということがありえるのである。

死化粧――家族が納得して見送る顔を作る

二〇〇二年三月、女性は亡くなった。約束どおり、かづき氏は通夜の前にメイクを行った。

「知らせを受けてすぐに駆けつけ、まず産毛を剃《そ》り、眉を整えました。眉がきちんと整えられていることが、やつれをカバーするひとつのポイントなんですが、時間が経つと肌の状態が変化して、剃りにくくなってしまうのです。その後、まるで昼寝をしているような顔に見えることを目指してメイクを行いました。苦しんで無意識にベッドのヘッドボードに打ちつけたあざがお顔に残って、痛々しく見えましたが、それもメイクでカバーしました。メイクが完成したお顔を見て、それまで黙って悲しみに耐えていらしたご家族が、ワッと泣き伏されたんです。それまではつらすぎて、泣くことができなかったのではないでしょうか」

おだやかな顔を見て安心し、やっと泣くことができた遺族の姿に、家族が納得して見送ることのできる顔を作ることには意味があると、あらためて感じたという。

「顔というものには、やはり体のほかの部位とは違う意味がある。その人の人格を表現しているんですね」

かづき氏はかつて、エンバミングと呼ばれる遺体の修復を行う職業の人に「大きな事故で亡くなった人の場合、顔さえ残っていれば遺族はそれを遺体として認識し、死を受容して悲しむことができる。しかし他の部位だけで顔がなければ、それが当人だとわかっていてもなかなか認めることができず、死を受け容れられない」という話を聞き、顔の持つ役割の大きさを再認識したことがあるという。

亡くなった時の顔を見て、遺族はその人の人生を振り返る。それだけに、もし死に顔が苦しそうに歪んでいれば、その人の人生がその顔に象徴されるようなものだったかのように誤解されてしまいかねないとかづき氏は言う。頭ではわかっていても、感覚的にそう受け取ってしまうのだと。

「いわゆる大往生で死に顔が安らかだと〝いい亡くなり方をなさった〟と言われ、その人の功徳《くどく》のあらわれのように言われます。それに対して、長患いの後に亡くなった方のやつれたお顔を見ると、何ともいえない複雑な気持ちになってしまうのが人間です。懸命の闘病の末に迎えたその最期が、まるで〝悪い亡くなり方〟であるかのような印象を与えてしまうのは、本人にとってもご遺族にとっても不幸なことだと思うんです」

亡くなったその女性は、生前、遺影のメイクをしてもらっている時、かづき氏にこう言ったという。

「先生、女性って、いつでもきれいでいたいものなんですね」

それは、〝病と闘い、死を見つめて生きる時も〟という意味であり、また、遺影の中の顔や死に顔に象徴される〝まわりの人の記憶の中で生きる時も〟という意味でもあるだろう。

顔と人格は別々に存在するのではなく、外観はその人のアイデンティティと分かちがたくつながっているという感覚は、現代人において強くなってきている。今後、この女性のような人は増えてくるに違いない。

ターミナルケア期にはメイクが大いに力を発揮するが、死化粧に関しては、リハビリメイクの仕事であるかどうかは、今のところ判断しかねるとかづき氏は言う。やはり、家族などの身近な人が行うべきものなのではないかという気持ちもある。

「でも、やがて、そこまで考えなくてはいけない時が来るのでしょう。人生の最後に、もっともその人らしい顔を周囲の人の心に焼きつけることには意味があると思います」

ターミナルケアの中でのメイク、そして死化粧を通して、顔というものの不思議さ、その持つ意味の深さに打たれたとかづき氏は語る。

顔はその人自身のものであると同時に、外に向かって開かれている存在であり、他者との接点だ。命が終わった後もなお、人が人とつながるための最大のよすがであり続けるという事実は「自分の顔を受け入れることが、心身に元気をもたらす」というリハビリメイクの理念を裏付けているように思えてならない。

5　まとめ――メイクと医療の連携が患者にもたらすもの

メイクとの連携によって、医療はどう変わり、患者は何を得ることができるのか。このレポートの初めに提示したテーマについて、ここであらためてまとめてみたい。

リハビリメイクが医療にもたらす変化

①医師によるキュア（Cure／治療）に、医療従事者以外の専門家によるケア（Care／世話・手当て）を持ち込んだことで、医療の概念そのものが広がる可能性がある

医療機関においてメイクというケア行為を行うことは、何よりもまず患者の満足に重点を置いてのことだが、それが結果的に医療の枠を広げることにつながっていく。

医療従事者以外の専門家が医療の現場に参加することについては、その資格や教育システムの整備など課題も多いが、多様な人材によって一人の患者を支援していく体制作りが患者の利益につながる以上、それらは今後クリアされていくべきものであろう。

患者のＱＯＬの問題をより多角的な視点から改善に導く道が開けることは、医師にとってはむしろ負担が軽減されることにつながり、メイク以外の分野との連携も今後進んでいくだろうと思われる。

リハビリメイクは「患者の社会復帰を目的に、医療従事者以外の専門家が参加して行うケア行為のひとつ」と位置づけることができるが、日本の医療行政をめぐる動きを見ても「社会復帰」と「ケア」は否応なしに今後の医療のキーワードとなっていくと思われる。

小泉内閣が目指す医療制度改革の方針は、医療保険財政を立て直すために国民（患者）に応分の負担を求め、一方で医療の質の向上や効率化を推進するというものである。厚生労働省による改革試案では、ＱＯＬの重視と、医療機関における患者の社会復帰を目指したケアの提供が掲げられ、これまで「入院医療が主に担ってきた医療が社会生活を営みながら受けることができるようになる」ことが謳《うた》われている。医療費を減らすために患者の在院日数をなるべく少なくする、その代わりに社会復帰のためのケアは積極的に行っていく、という姿勢である。医療の変革の潮流の中で、日本の医療が今後どう変わっていくのかは、未知数だ。しかし、医療をとりまく経済・社会情勢から見ても、医療の分野でケアがますます重視されていくことは確実であり、メイクのようにこれまではケアの範疇《はんちゅう》と考えられていなかった分野も、社会復帰支援策のひとつとして認知されていくのではないだろうか。

②医療の分野にも求められつつある「美」のニーズに応えることができるようになる

リハビリメイクが患者の心理に好影響を及ぼし、その行動に変化をもたらしているという事実は、これまで軽視されてきた外観の問題を置き去りにしたままでは患者の満足が導けないことを端的にあらわしている。従来は「美」に関わる医療分野は、美容外科などに限られていた。しかしすでにあらゆる医療分野において、患者の求める「美」のニーズに応えることが要請される時代が到来している。

医療に求められる「美」とは、外面を飾りたてるものではなく、心身両面における健康な生活を実現するためのものでなければならない。世の中の美への要求がどんどん高くなっていく中、医療の世界ではこうした定義づけがしっかりとなされていることが不可欠である。

その点、リハビリメイクは「社会復帰のための手段」という目的がはっきりしており、医療と美容を健全な形でつなぎ、医療の範囲の中での「美」を実現する可能性を持っているといえる。

今後は「同じ医療を受けるなら、「美」を理解できる医師に治療してもらいたい」と望む患者が増えてくるであろうことを、かづき氏は指摘している。医療機関の差別化が進む中、こうした要求を満たすことは生き残りの条件にもなり得る。

外観のケアを望む患者の心理を理解し、さらに美的センスをあわせ持つことが、医師にも要請される時代なのである。

外観で悩む患者が得るもの

①高い技術による施術を安心して受ける場が確立される

これは言い換えれば、これまでどこに持ち込んでよいかわからなかった悩みの窓口が明確になるということだ。

顔の悩みを持つ人の多くが「いったい誰が自分を助けてくれるのか、どこに相談すればいいのかわからなかった」と言う。医療機関においては「治療はすでに終わった」または「治療するべき対象ではない」とみなされることが多く、美容の分野にも対応できる窓口がない。

患者がそれぞれ孤立して悩むしかなかった状況に突破口を開き、「外観のケア」というひとつのジャンルとして括《くく》ることで、精神的ケアを含めた支援体制が確立される可能性も出てくる。同じ苦しみを持つ人がいることを知る意義も大きい。また、症例が集積することで、さらに研究が進み技術が進歩することも期待できる。

②医療分野では軽視されがちだった外観の悩みに光を当てることで、自分の求めているものに患者自身が気づき、声を上げることができるようになる

医療の対象になることで、患者は外観の苦しみ・悩みを「苦しんでいい苦しみ」「援助を受け、解決されてしかるべき悩み」と認識することができるようになる。それまでは「たかが顔のこと」と軽視されていたために声を上げられなかった患者が大勢いるのである。

また、解決のための選択肢が提示されていない状況では、自分が求めているものに気づきにくいということがある。特に、病気や障害によって気力をなくしている状態では、あきらめが先に立ってしまいやすい。「こういう方法があるよ」とリハビリメイクを提示されてはじめて「もっとこういうものが欲しい、こうしてほしい」というニーズが顕在化する面もある。

かづき氏によれば、頭頸部がんの女性患者が、手術による傷がメイクによってきれいに隠れたのを見て、変形したあごの形成手術を望むようになった例があるという。

③化粧の役割を捉え直し、また欧米のメディカルメイクアップの概念を進化させたことで、患者自身が自分を受容することが容易になる

リハビリメイクは、これまで「自分を飾るため」とされていた化粧の目的を「自分を元気にするため」と捉え直した。また、欧米で発達したメディカルメイクアップの概念を、日本人の文化的背景や心性を考慮して「隠す」から「受け容れる」に転換させた。このことは、患者が自分の外観を受容するのに大きな助けとなり、社会に踏み出す勇気を得ることにつながるといえる。

「病気があってもこれで怖くない」――当事者の声

実際にリハビリメイクを学び、その技術を身につけた患者はどんな実感を持っているのだろうか。

三宅智恵美《みやけちえみ》さんは、高校三年の時に「全身性エリテマトーデス」を発症した。膠原病の一つである、原因不明の難病である(膠原病とは、この全身性エリテマトーデスや、慢性関節リウマチ、強皮症、多発性筋炎・皮膚筋炎など、共通性のある症状を含むいくつかの病気の総称)。

全身性エリテマトーデスのおもな症状は、高熱、倦怠感《けんたいかん》、関節の腫れや痛みなどで、三宅さんもこれらに悩まされた。さらにつらさを倍加させたのは、「蝶型紅斑《ちょうけいこうはん》」と呼ばれる蝶が羽を広げたような形の紅斑が顔の中央にあらわれること、そして、治療薬であるステロイド剤の副作用で顔がむくむことだった。

「この病気は、かつては死亡率が高かったそうですが、ステロイド剤の導入によって、今は命にかかわる病気ではなくなっています。けれどもステロイド剤を服用すると、顔がお月様のようにパンパンになってしまうんです。〝ムーンフェイス〟と呼ばれるこの丸い顔と、蝶型紅斑による顔の赤みは、長い間、私にとって本当に大きなストレスでした。私の病気は、今の医学では完治するということはありません。ということは、一生、むくんだ赤い顔とも付き合っていかなければならないということなのです」

三宅さんがリハビリメイクに出会ったのは、二度目の入院生活を終えた四〇歳の時だった。ムーンフェイスや蝶型紅斑だけでなく、病気の影響で顔全体が老けた感じになっていた。日々、加齢への恐怖心がわいてくる。

そんな時、かづき氏が「人は見た目が大事」と語っている新聞記事を目にした。見た目に自信がないとあらゆることに対して悲観的になり、生きる意欲までが萎《な》えてしまうことを身をもって実感していた三宅さんは、きれいごとで誤魔化《ごまか》そうとしないその言葉に共感した。そして、この人が提唱するメイクならば、自分を助けてくれるかもしれないと思ったという。

「それまでも、メイクで赤い顔を隠したくて何度も化粧品屋さんに足を運びました。私のように顔で悩んでいる人には、何とかしてきれいになりたいというわらをもつかむような思いがあります。一方で、容貌に対する自信のなさから来る気の弱さのせいで、断るということがなかなかできない。だから、勧められるままに、少ない収入の中から次々と化粧品を買ってしまっていたんです」

思い切ってかづき氏のスタジオを訪ね、リハビリメイクを受けた。メイクしてもらった顔を鏡で見た瞬間を、三宅さんは決して忘れないという。

「発病してから初めて、赤くない自分の顔を見たんです。ムーンフェイスも驚くほど改善されていました。自分の顔を赤くなくする技術がこの世にある。勉強すればそれを身につけることができるようになる。そうわかったら、肩の力がスーッと抜けました。自分がずっと悩み続け、あきらめかけていたことに対して一〇〇点満点の解答用紙をもらったような気持ちでした。これで大丈夫、病気があっても怖くないと思いました」

そんな三宅さんに、かづき氏は「つらかったね」と声をかけた。そして、ここまでの経緯を時間をかけて聞いてくれた。話しながら三宅さんが涙すると「泣きたいだけ泣いていいから」と言って、再び話し始めるのを待っていてくれたという。

リハビリメイクのことが載った新聞記事を三ヶ月間持ち歩き、「清水の舞台から飛び降りるような気持ちで」かづき氏のもとを訪れた三宅さんは、その時初めて、誰にも言えなかったつらさをすべて吐き出すことができた。顔のことでどんなに悲しい思いをしているかは、それまで医師にも家族にも言えなかった。「顔のことで悩むのは決して恥ずかしいことではない」――リハビリメイクに出会って初めてそう思うことができるようになったという。

膠原病に限らず、病気の人が化粧をすることをタブー視する空気が世の中にあると三宅さんは言う。

「病人はおとなしく地味にしていればいい。化粧に一生懸命になるなんて、レベルの低い人のすることだ――そんな無言の圧力を私も感じていました。それで化粧から遠のき、鏡で自分の顔を見る勇気がなくなっていってしまう人がたくさんいると思います。そうすると、外に出る気力がますます失われて、引きこもりのようになってしまうのです。リハビリメイクに出会う前には、私自身にもそうした時期がありました」

三宅さんの体調は、今も決して良好とはいえない。病気のために三年前に圧迫骨折、二年前からは三叉《さんさ》神経痛にも悩まされている。手の指の変形も進行している。しかし、リハビリメイクの技術を身につけてからは、本来の快活な性格が頭をもたげ、たくさんの人に出会いたいと思うようになってきた。職場でも、また友人や家族といる時も、顔のことを気にしなくていいのはこんなにラクなことだったのかと、あらためて驚いているという。

三宅さんは現在、リハビリメイクのプロを目指し、かづき氏のもとで学んでいる。同じ悩みを持つ人の力になりたいと考えるようになったのだ。

最後に〝隠す〟ことに対する葛藤の有無について尋ねると、こんな答えが返ってきた。

「もちろん顔の赤みそのものがなくなったわけではないから、毎晩メイクを落とすたびに、自分の赤い顔と対面します。そのギャップに落ち込むかって？　いいえ。〝ああ、私、ここまでメイクがうまくなったんだ〟って誇らしく思います。自分らしく生きるための手段を、がんばって自分で身につけたんですから」

生きるための技術

リハビリメイクの意義は、その技術の高さもさることながら、ＱＯＬを実現するための条件として「外観」をはっきりと位置づけようとするその姿勢にあるといえる。

「健康とは、単に病気が存在しないというだけではなく、身体的・精神的ならびに社会的に充分に良好な状態にある」ことという、よく知られたＷＨＯ（世界保健機関）の定義があるが、ここでいう「身体的・精神的ならびに社会的に充分に良好な状態」であるための要素に「外観」も含まれることを主張するのがかづき氏の考え方である。

肝要なのは、それが「他人から見て美しい外観」ではなく、あくまでも「本人が自己像として受け容れることのできる外観」であるところである。メイクによる満足度は、客観的には量《はか》れない。「これだけ傷が隠れたから、患者の満足度はこのくらいになるはずだ」とはいえないのである。

こうした数値化・客観化できない要素は、従来、医療の分野にはなじみにくいものであった。メイクの場合も、目的としているのが〝患者の満足〟という主観的なことがらであるところに、医療現場で行われることの難しさがある。

しかし、ＷＨＯが掲げたような、人がみずからの人生を十全に生き切るための条件としての「健康」を実現させるためには、医療にも、当事者（患者）の主観を最大限に尊重する姿勢が不可欠になってくるはずだ。このレポートに登場した医療従事者たちは、当事者（患者）の生き方や価値観を置き去りにしたところに真の医療は成立しないという考えをはっきりと持っており、それが医療の現場がメイクを受け入れる素地になっているといえるだろう。

「たかが顔」「たかが化粧」なのではない。自分が納得できる顔を、自分自身の手で作ること。それは「生きるための技術」を身につけることにほかならないのである。

Ⅲ章　リハビリメイクを見てみよう

これまで繰り返し述べてきましたが、リハビリメイクはそれを必要としている方ひとりひとりに合わせた、いわばオーダーメイドのメイクです。外観のトラブルをメイクでカバーする方法には、すべての人に共通のマニュアルがあるわけではありません。なぜなら、傷やあざの状態、皮膚の個性、美に対する要求水準、メイクに対する考え方など、みな人それぞれで異なっているからです。ここではお二人の方にモデルとしてご登場いただきました。

本書では紙幅の関係上、具体的なメイクの方法は、かづきメイクの三大ポイント、①リハビリマッサージ、②ファンデーションの塗り方、③眉の整え方の三点に絞ってご紹介しました。基本的な考え方は「顔の印象は色で変えるのではなく、肌作りをしっかりする」ということです。メイクのすべてのプロセスも、慣れれば一五〜二〇分でできるようになります。この本で初めてリハビリメイクに出会った方も、ぜひトライしてみてください。

◆リハビリメイクの実例① 熱傷の痕をカバーする

モデルは子どもの頃に首に熱傷を負った三〇代の男性です（写真1）。やけどをした時からはかなり時間が経っていますが、ケロイドあとは皮膚が乾燥しているため、洗ったあと、まだ水分の残っている肌にスクワラン系のオイルをつけ肌を整えます。イエローのカバーリングファンデーションにオイルを一、二滴加えて塗ります（写真2）。オイルを塗ることでファンデーションのつきがよくなり、皮膚の乾燥を防ぐことができます。またイエローのファンデーションは、皮膚の質感を健康な部分の肌に合わせ、皮膚の赤み、くすみを消し去るのに大きな効果があります。またファンデーションの色選びもより簡単になります。

この男性は日焼けしていて、胸・首・顔の肌の色にかなり差があります。一般的にファンデーションは首の色に合わせますが、モデルの男性の場合、顔の方に合わせつつ、肌の色の差がかなり大きかったため、顔にも少しファンデーションを塗って色を調整しました（写真3）。

熱傷痕の場合、痕のある位置、大きさ、皮膚の状態などに応じてメイクの方法はそれぞれ異なってきます。

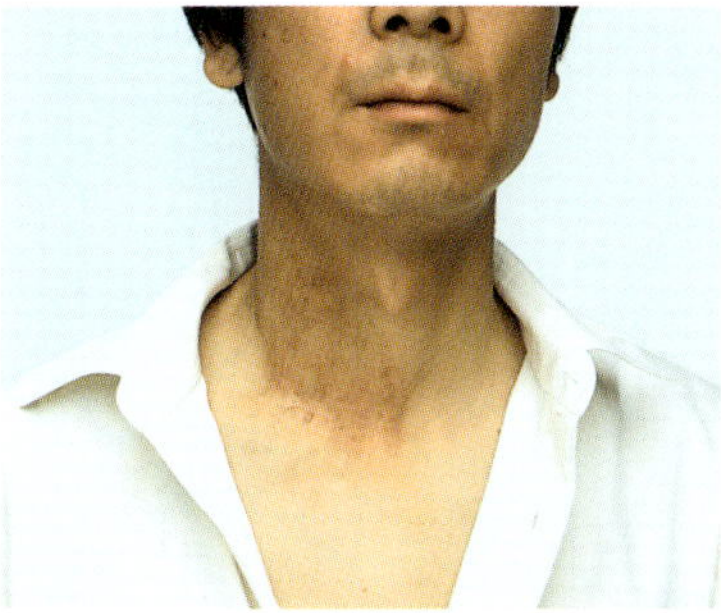

写真１　メイク前．熱傷のあとはシャツの襟を閉じればほとんど隠れる位置だが，皮膚がひきつれを起こしている．首と胸の色の差が特に大きい．

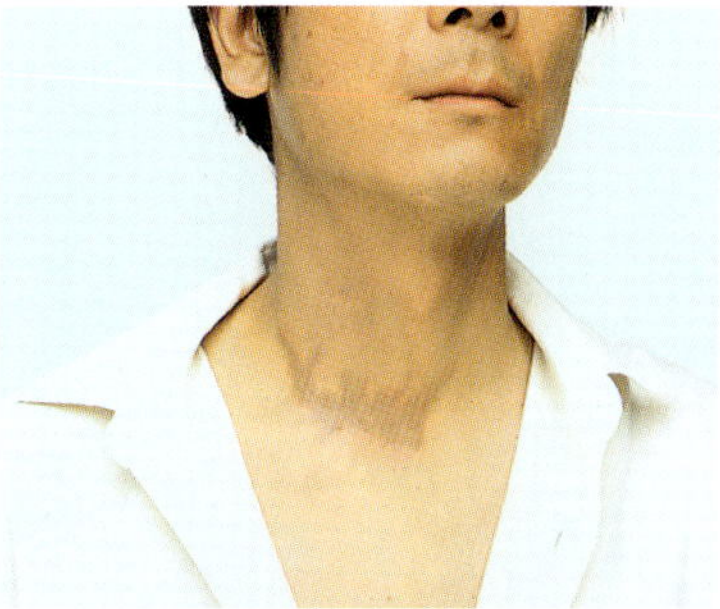

写真２　オイル＋カバーリングファンデーション．これだけで質感がぐっと変わった．皮膚に自然なみずみずしさが加わり，ひきつれによる凹凸も目立たなくなっている．

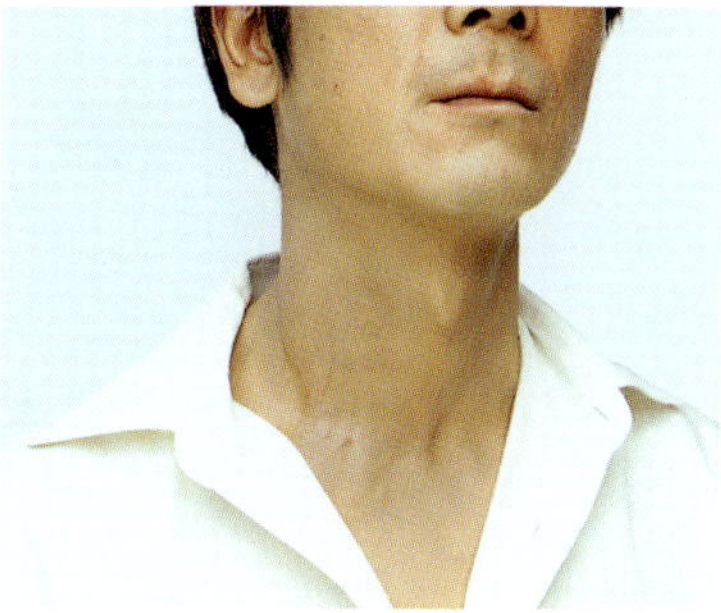

写真３　メイク後．遠目にはほとんどわからない．さらに完全にカバーすることも可能だが，本人が毎日自分でできるメイクではこのくらい．

◆リハビリメイクの実例② アンチエイジングのメイク

モデルは五〇代の女性です。メイクを始める前に、どこが気になりますか? と尋ねたら、「たるみ、しみ、目の下のくま……もう全部です(笑)」という答えが返ってきました。加齢による皮膚のたるみやそれによってできるほうれい線(小鼻から口角にかけてできるしわ)は、どうしても顔を老けた感じにしてしまい、元気のない印象になってしまいます。メイクをする前(**写真4**)と後(**写真5**)で顔の印象がどう変わるかを左頁の写真で比べてみてください。

リハビリマッサージのあと、オイルで伸ばしたイエローのカバーファンデーションを下地として塗り、パウダーで押さえます。さらにファンデーションとパウダーを重ね、眉を整え、アイメイクと口紅で仕上げるという基本のメイクを行いました。

メイク前には少しはればったかったまぶたの上がすっきりしました。頬や口元もひきしまって全体に位置がきゅっと上がっています。眉間のしわやほうれい線も薄く、なにより表情が明るくなりました。一番大きな印象の変化は、やはり眉。目と眉のバランスが変わったことで、目に力が加わり、大きくて華やかな印象がますます際だっています。

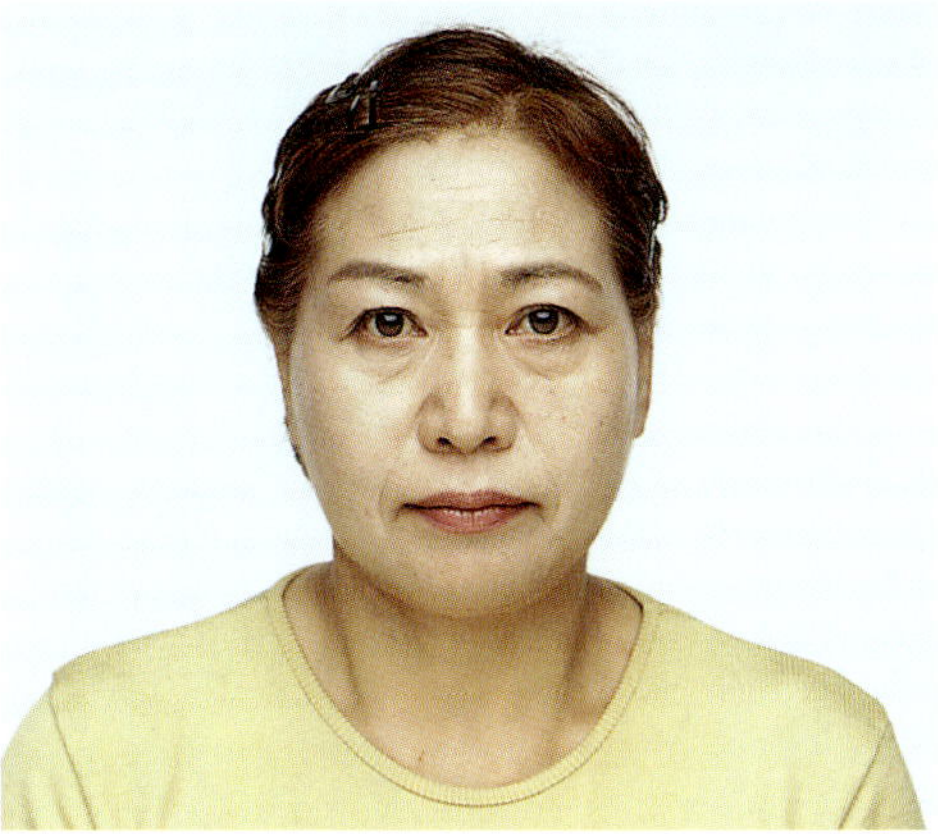

写真4　メイク前．せっかくのチャームポイントの大きな目なのに，目のまわりがちょっと重い感じ．口元と頬のたるみによるしわが気になります．

写真5　メイク完成．「こんな眉にしたのは初めて」とのことですが，マッサージで軽くなった目元と相まって輝きの増した目を引き立てています．頬の位置が高い！

◆リハビリマッサージの効果を検証する

前にリハビリメイクの基本的な考え方は、色で印象を変えるのではなく、マッサージとファンデーションで肌作りをしっかりすることと書きました。視覚だけではなく、マッサージそのものに、実際に引き締め効果があるのかどうか、と疑問に思われる方もいるかもしれません。

ＮＥＣエンジニアリングの協力を得て、三次元形状計測器によって、マッサージによる引き締め効果を数値化してみました。下の四枚の写真は、右上①がマッサージ前の横顔、②がそれを３Ｄで計測した画像、③・④がそれぞれマッサージ＋メイク後の横顔とその計測画像です。

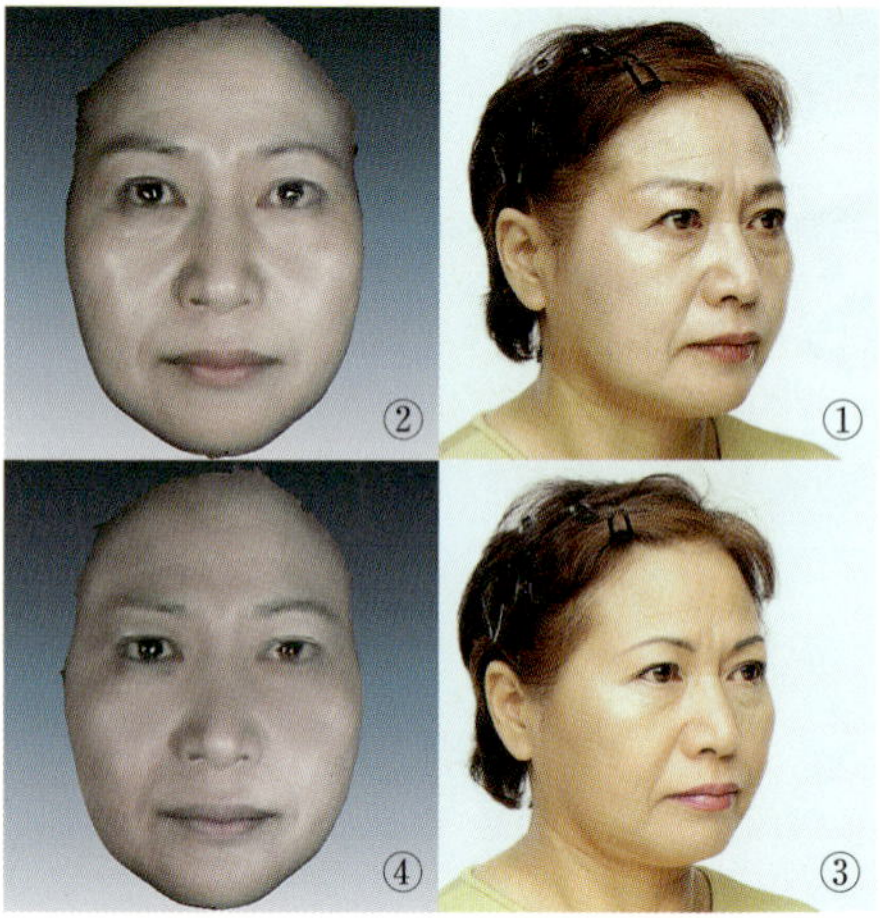

この計測画像は、計測器と被写体までの距離を一秒間に四〇万ポイントの密度で計り、コンピュータに取り込んだものです。

下の画像⑤は、マッサージ前②とマッサージ後④の画像を重ね、さらに拡大したものですが、図に示してあるとおりマッサージの前後で一ミリ、引き締まっていることがわかります。一ミリという数字について、皆さんはどうお感じになるでしょうか。たった一ミリ？　と思われるかもしれませんが、美容形成の世界でいう一ミリはとても大きな数字です。手術によって一ミリの変化をもたらすことは、顔の印象を非常に大きく変えることになるのです。

⑤

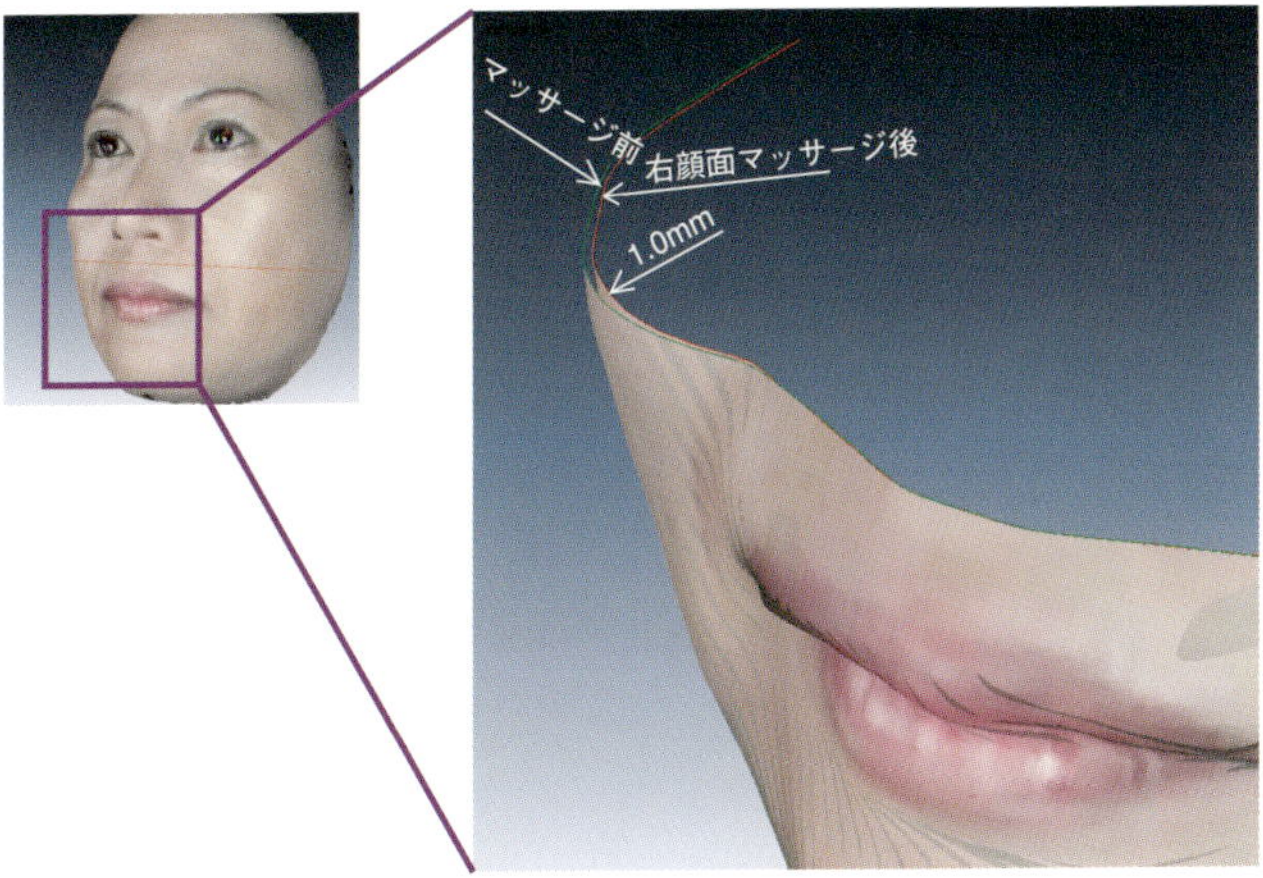

同様に左半分についてもマッサージ前後で計測してみたのが、下の画像です(⑥)。左顔面では、今度は一・二ミリ引き締まっていました。

当然ですがマッサージの効果には個人差があるので、今回のモデルの方よりも変化が大きい場合小さい場合は、それぞれあるでしょう。マッサージを毎日繰り返し行うことで効果はさらに高まります。マッサージによってこのように引き締まった顔に、立体的に見えるようにファンデーションを塗ることで、より若々しい印象の顔を作ることができるのです。

⑥
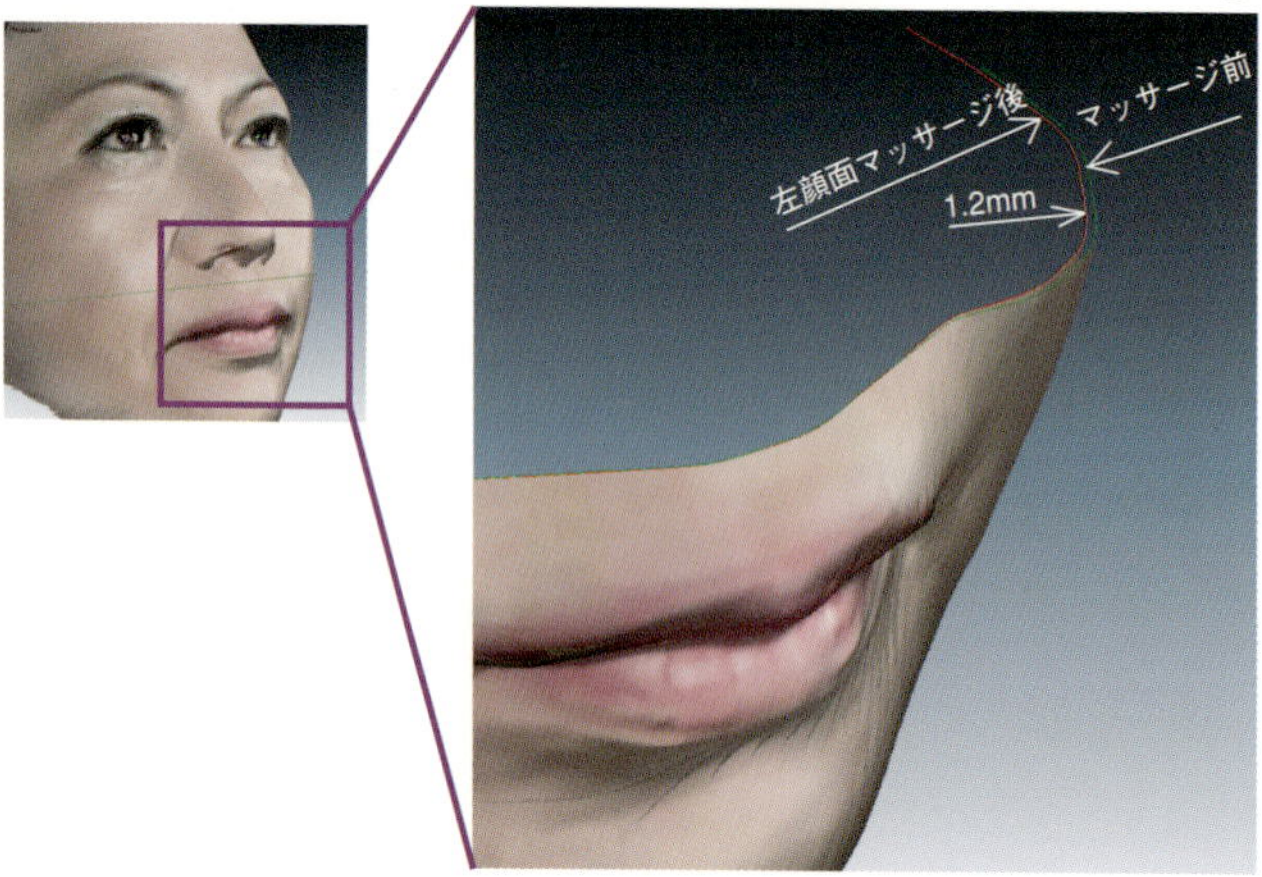

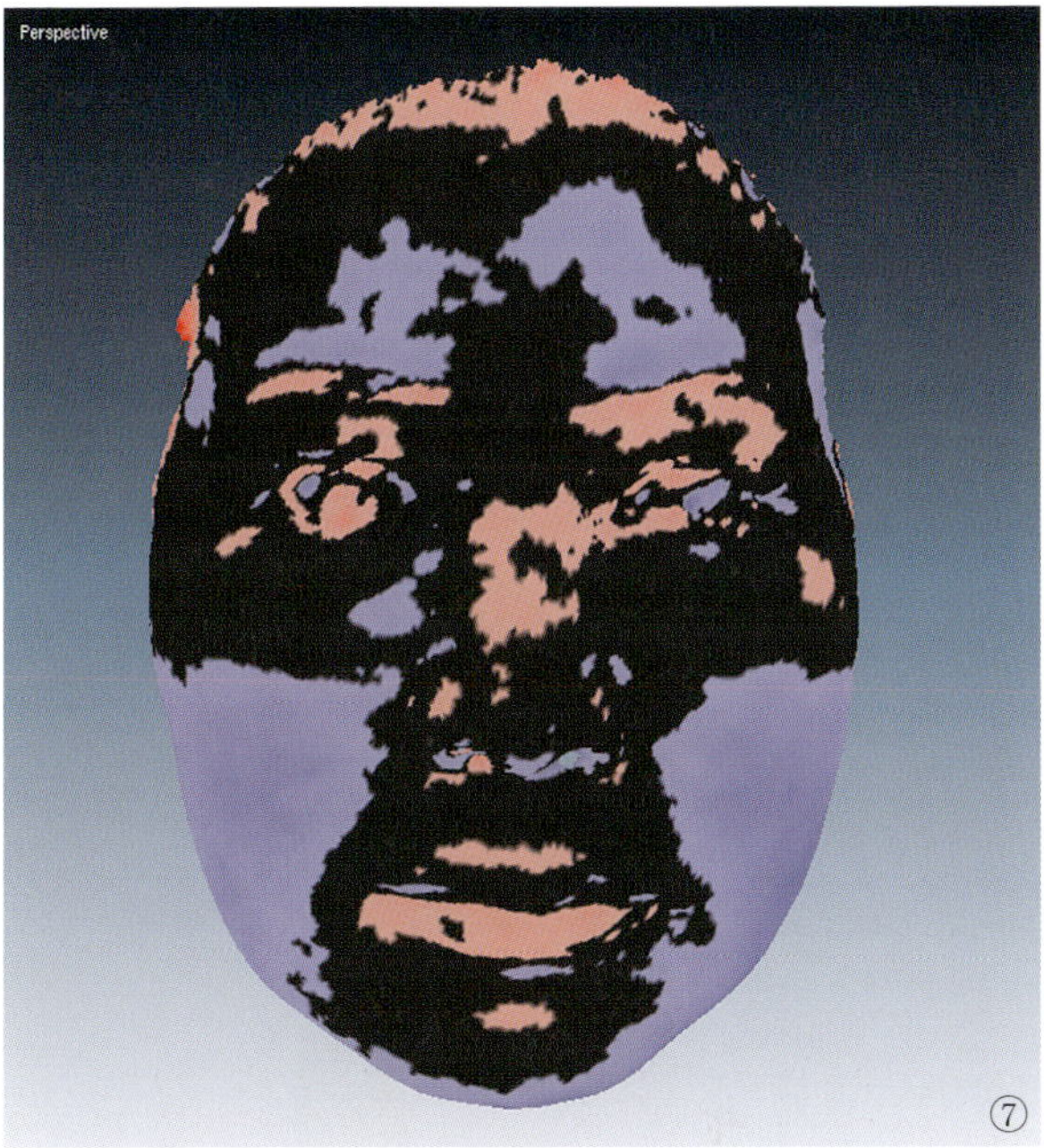

⑦面間距離分布図：マッサージ前後の計測画像を重ね，それぞれの面の距離を色で表したもの．青は，マッサージ後に顔面形状が減少したことを表す．「引き締まった」「すっきりした」部分といってよい．青色が濃いほどその度合いは強い．赤は，顔面形状が増加したことを表す．やはり色が濃いほどその度合いは強い．黒は，形状の変化が少ない部分．この図の場合には，0.3 ミリ以下のエリアは黒く表示してある．今回の場合，マッサージの効果は，両頬が顕著であるほか，額，こめかみのあたりに現われ，引き締まっていることがわかる．

◆リハビリマッサージのやり方

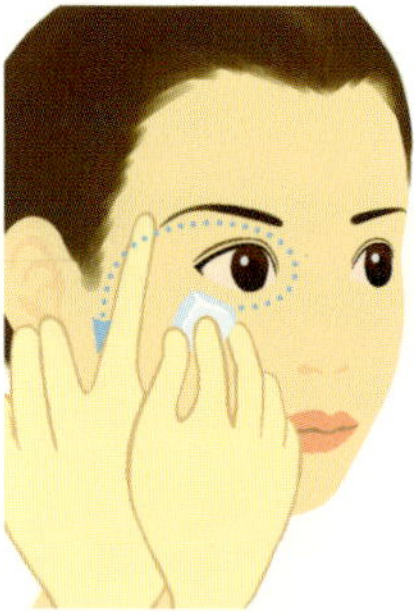

ステップ1　図で示した矢印の方向にそって，片方の手で目尻を上に引き上げたまま，ぐるりと回って目の脇の静脈まで一気に，そのまま下におろす．

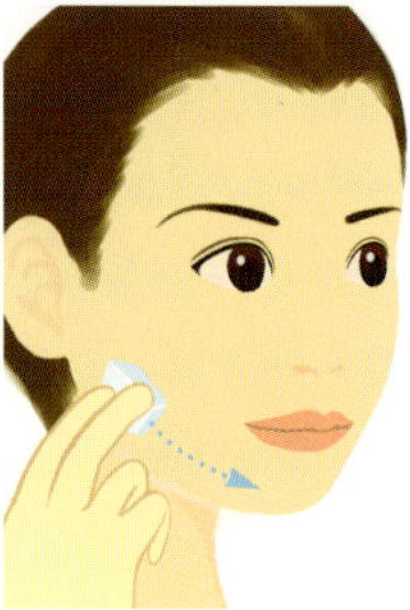

ステップ2　耳下からあごにむかってマッサージ．顔の脇の静脈にそって滞った血液を心臓に返すつもりで．顔の脇の皮膚は目の周りと違ってかなり厚いので，強くマッサージしても大丈夫．

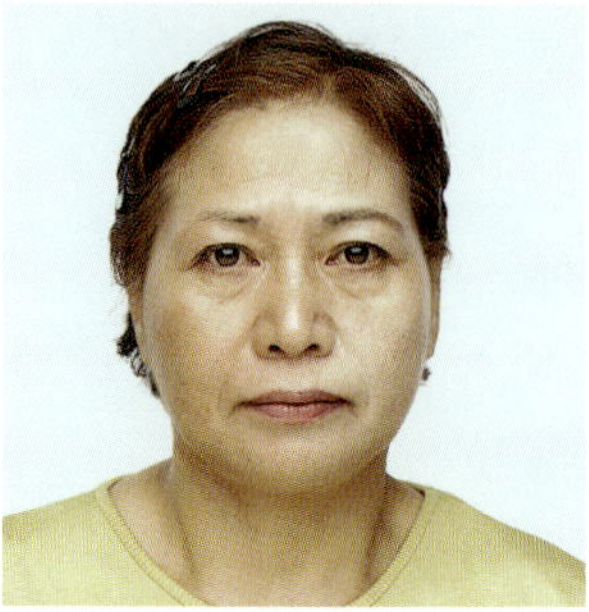

前ページのモデルに，向かって左半分だけマッサージをしたところ．顔の左右を比べてみると頬の高さが違う．目とあごのわきのラインもぐっと引き締まった．

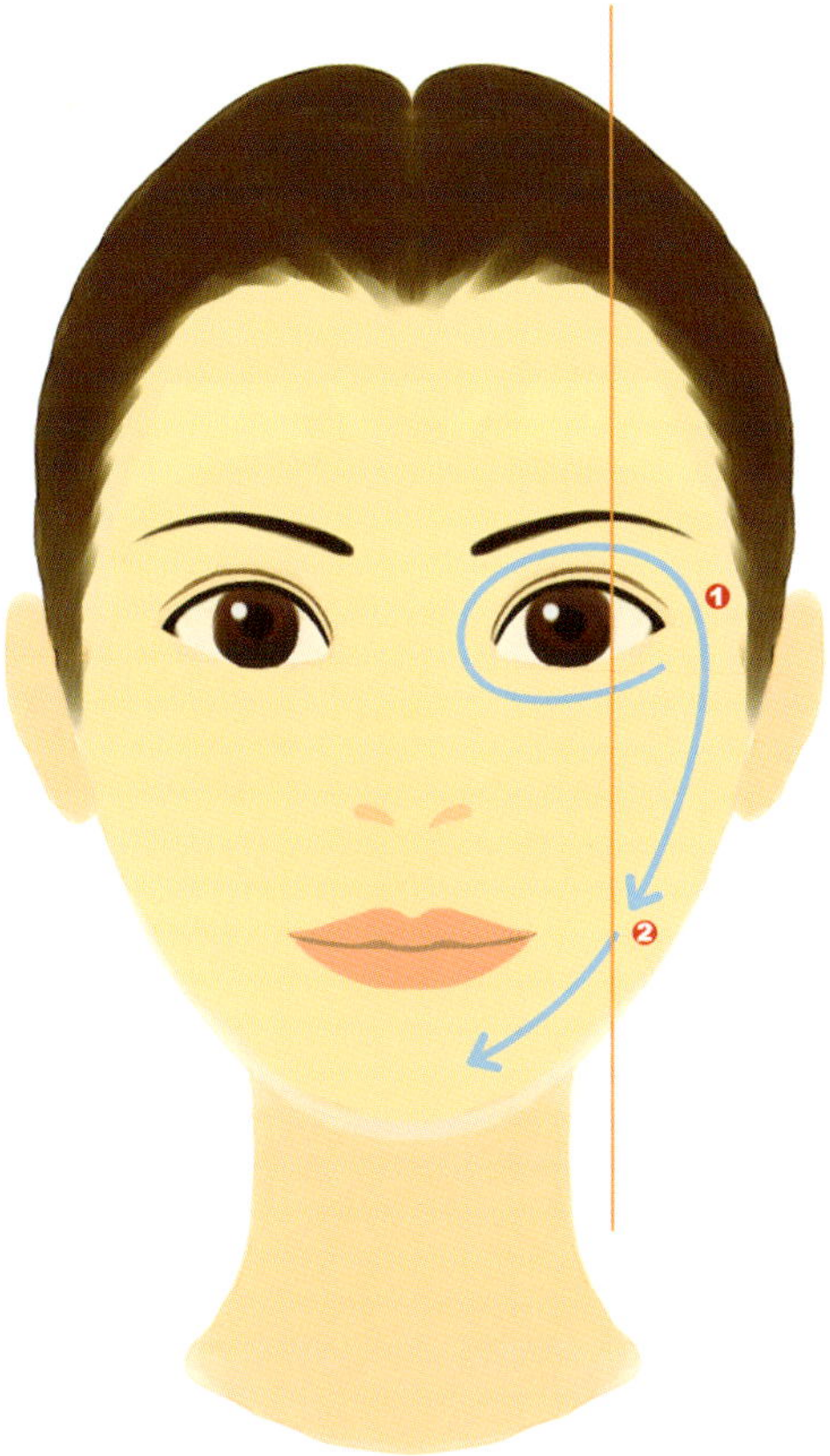

スポンジを水で濡らし，固くしぼってから美容液を含ませて，右頁の要領で朝のメイク前に 3,4 回毎日繰り返してやってみよう．血液の流れをスムーズにする働きもあるので，肌が張りを取り戻す．また顔の表情をつくっている表情筋のマッサージにもなるので，表情も生き生きとしてくる．なによりマッサージをしただけですっきりして気持ちがいい．

◆ファンデーションの塗り方

かづきメイクでは、正面から見て黒目の外側(左図の点線より外側)を横顔ととらえます。従来よりもずいぶん横顔を広く考えますが、そうすることで顔が立体的になるのです。

ファンデーションも顔のとらえ方にそって、正面顔と横顔とをわけて塗ります。具体的には、左頁の矢印の番号にしたがって8ステップ。

①頬の一番高い位置からあごのライン(フェイスライン)に向かって、下方向に塗る。
②正面顔の中心にあたる頬の中心は、鼻に向かって下から上へ塗る。
③鼻の中央のラインは、基本的には下から上へ一気に(上から下でもOK)。
④目の周りはリハビリマッサージと同じ方向でぐるりと一気に。
⑤額の正面顔部分は、中央から黒目の外側のラインまでを真横に。
⑥額の横顔部分は黒目の外側のラインから目のわきまで斜め下におろすように。
⑦鼻と口の間は外から内へ斜め方向に、ちょんと置くような感じで軽く。
⑧口の下からあごも、⑦と同様に方向は外から内へ軽くで十分。最後にフェイスパウダーをパフにもみ込んで押さえて仕上げます。余分なパウダーをブラシで落としてできあがり。

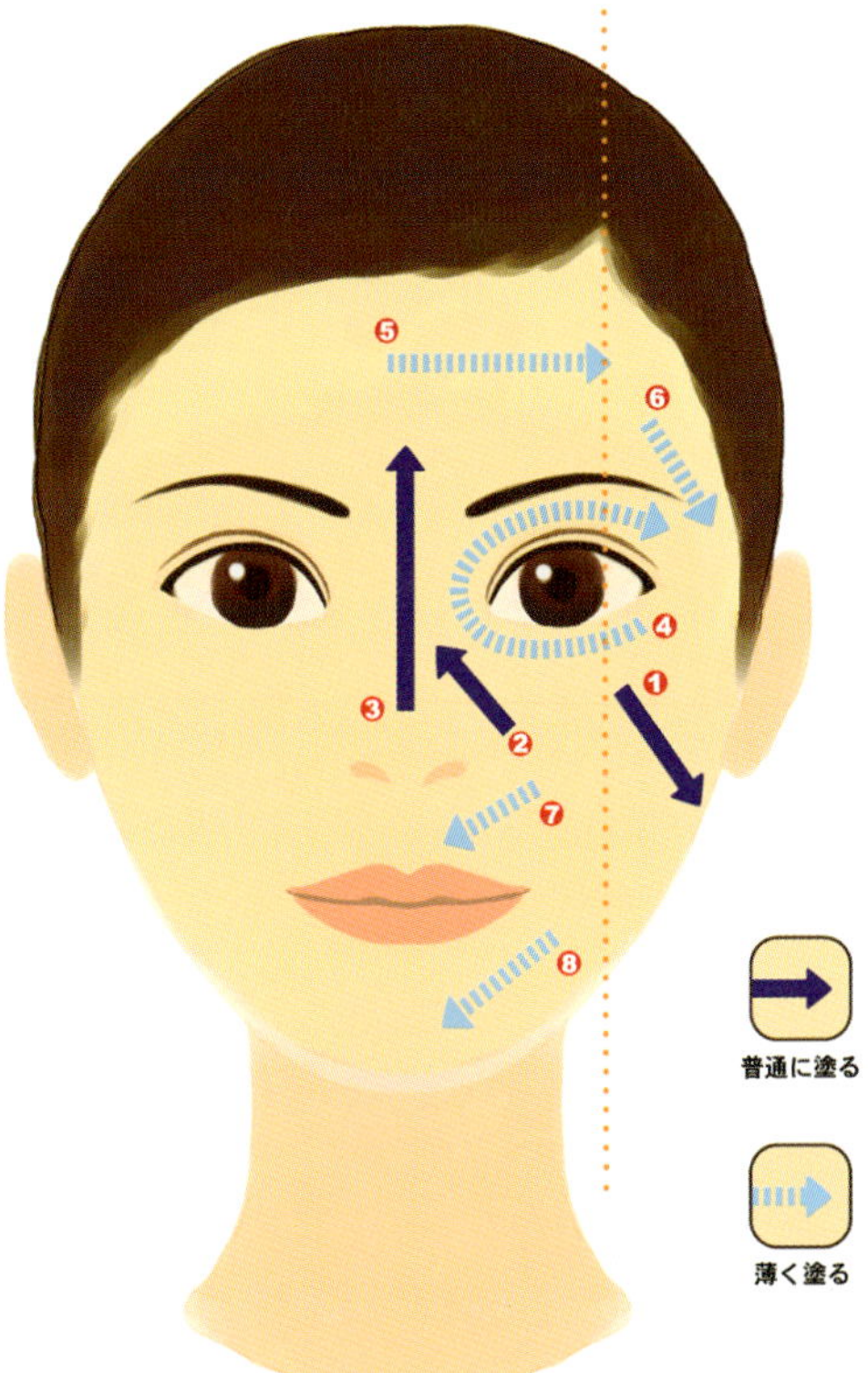

自分の納得のいく顔を作るためのメイクは毎日のこと．ささっと仕上げるためにも塗り方は早く覚えたい．手に覚えさせてしまうように，夜のクレンジング前，アイラインペンシルで図と同じ塗り方の矢印を自分の顔に描き，一度ファンデーションを塗る練習をしてみても．ファンデーションの色は首の色と合わせるが，ついでに色合わせも練習．上手に早く塗るためには練習も大事．塗りの方向には，リハビリマッサージと同様に顔を立体的に引き締める効果もある．

◆眉を整える

眉が整えられていると、それだけで顔のやつれや疲れはかなりカバーされます。左の図を見て、まず自分の眉山の位置を決めましょう。眉山は、正面顔と横顔の境目。眉ブラシで毛の流れを整えた後、余分な毛を安全カミソリで剃ってください。剃る前に基本の形を描き、余分な部分を見極めると失敗しません。

眉は抜き続けると生えなくなるので、抜くのは禁物。眉のベストの形は目とのバランスによって決まるため、年を重ねてたるむと、剃るべき毛の位置も変わります。必要になったときに眉がないということがないように。

「眉がうまく描けない」という声をよく聞きますし、実際眉を描くのはちょっと難しい。基本の眉の形をしっかり覚えて、ファンデー

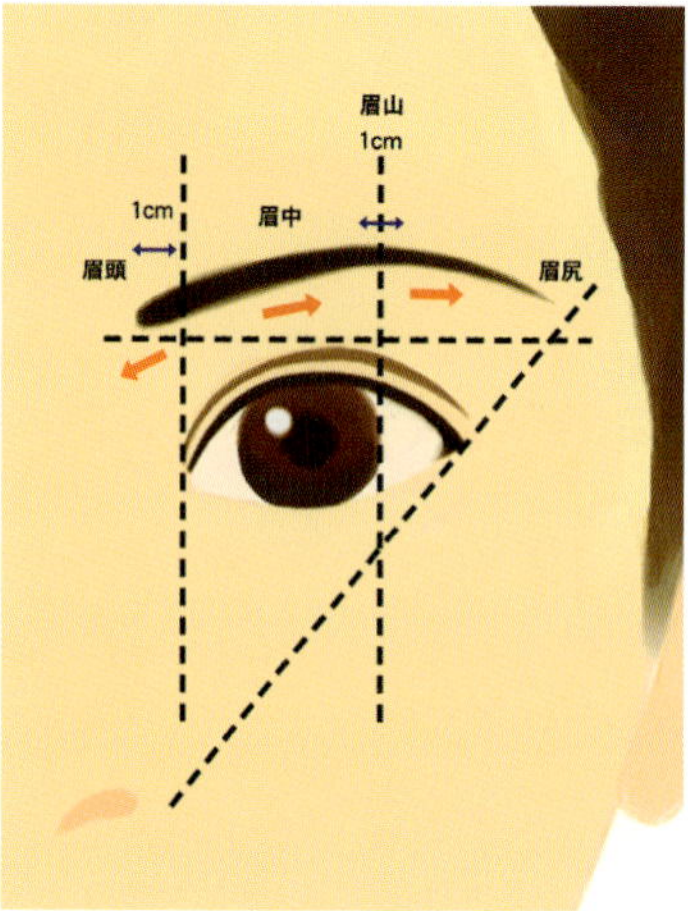

ションの塗り方同様、うまく描けるようになるまで練習しましょう。眉を描くのには、エボニーを使用します。エボニーは画材店でも買えます。削り方は下の図を参照。眉の描き方は次の4ステップです。

①エボニーの細い芯の部分で眉山から眉尻まで一気に描き下ろす。目のカーブと平行になるようにするときれい。

②眉中もエボニーの細い芯の部分で、眉山に向かって短い直線を描いていく。

③眉中から眉頭はエボニーの広い側を使って、眉中から眉頭に向かって描き下ろす。

④茶色のシャドウで全体の印象をやわらげる。

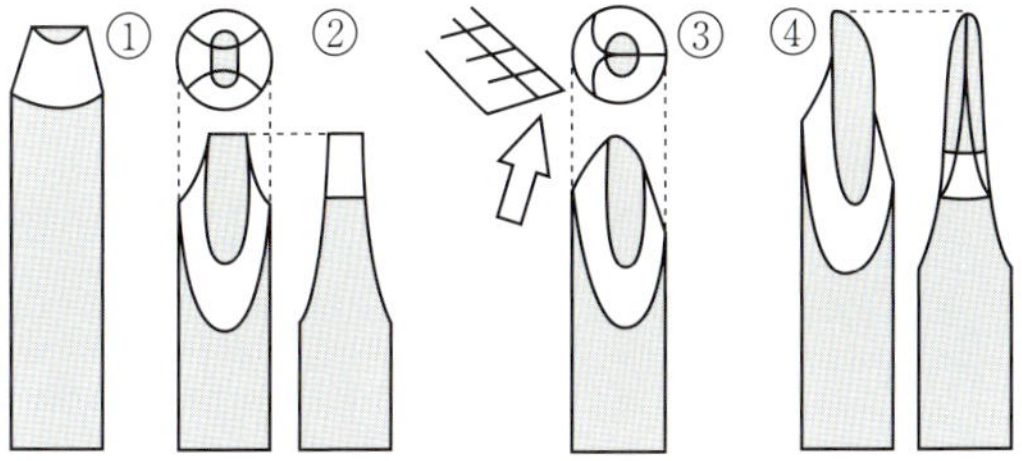

エボニーの削り方：①鉛筆削り，カッターナイフで芯を平らに出す．②両側を削る．③片側を斜めに削る．眉頭の幅を意識して．④なぎなた状になるよう，下の芯を削って出す．

おわりに

先日、視覚障害者の方たちの会から講演に呼んでいただきました。リハビリメイクについてお話をした後、いつものように来場者に壇上に上がっていただき、メイクの実演を行いました。

私はいつも、最初は顔の右半分だけにメイクをします。メイクしたほうとしないほうを比べることで、どれだけ顔の印象が変わるのかを知ってもらうためです。この時も、まず右半分だけにメイクを行いました。

目が見えない方ですから、実際に目で見てメイクの効果を知ることはできません。けれどもその方は、手で顔に触れ、「頬がすっきりしましたね」「きれいな眉にしていただいて」と、とても喜んでくださいました。鋭敏な指の感覚によって、メイクによる顔の変化を感じ取られたのです。

さらにその方は、私がカミソリで整えた右の眉を何度も指でなぞり、自身の手でカミソリを持って、左の眉を同じ形に剃りました。私はその巧みさに鳥肌が立つほどの驚きと感動を覚えました。視覚で確認しながら剃ることができないにもかかわらず、これまで私が教えてきた生徒たちよりも、よほど上手だったのです。

視覚に障害のある人がどうしてメイクを学びたいのか、と訊《き》く人がいます。メイクをしても、自分の顔は見えないじゃないか、と。でも見えない人は、見えないがゆえに、自分が他人からどう見られているのかが気になるのです。中途失明した方は特にそうです。

リハビリメイクの仕事をしていると、これまで「美」から疎外されてきた人が、世の中にいかにたくさんいるかがわかります。闘病中の人、介護を受けているお年寄り、障害を持つ人――。以前私に「先生、私もきれいになっていいですか?」と言った車椅子の女性がいます。「なに言ってるの、当たり前じゃないの」と答えながら、胸をつかれる思いでした。

きれいになりたいのは、若くて健康な人だけではありません。誰もがきれいになりたいのです。それなのに「こういう人は、きれいになる必要がない」と決めつけるような風潮が、世の中にありはしないでしょうか。

顔に傷やあざなどのトラブルがある人たちのために始めたリハビリメイクですが、傷やあざなどがなくても、自分自身を元気にする方法としてメイクを必要としている人が大勢いることに驚かされます。そしてあらためて、顔というものが心身の健康におよぼす影響を思い知らされるのです。

メイクを「自分を受け容れ、社会に踏み出していくためのツール」として捉えた時、それが私たちの健康な生活に役立つ可能性は大きく広がります。医療とメイクがよりよい形で結びつくことによって、多くの人が生きる力を得ることを願っています。

＊

最後になりましたが、Ⅱ章「〈ルポ〉リハビリメイクと医療をつなげる」の取材にご協力いただいた先生方、Ⅲ章「リハビリメイクを見てみよう」で撮影を担当してくださった写真家の板橋雄一さん、イラストを描いてくださった萩原慶さん、最新機器によってリハビリメイクの血流マッサージの効果を検証してくださったＮＥＣエンジニアリングサイバーソリューションズ事業部の深澤英希さん、モデルとなってくださった方々、ありがとうございました。また、岩波書店アクティブ新書編集部の太田順子さんをはじめ、本書の完成のために力を貸してくださった多くの方に心からお礼申しあげます。

かづきれいこ

二〇〇二年六月

◆主要参考文献（第Ⅱ章）

かづきれいこ「リハビリメイクと医療」『形成外科』Vol.44 no.10　所収　克誠堂出版
青木律・百束比古・秋元正宇「頤頸部瘢痕拘縮の形成術　皮弁による再建」『形成外科』Vol.41　増刊号所収、克誠堂出版
ジェームズ・パートリッジ／原田輝一訳『チェンジング・フェイス』集英社、二〇〇二年
町沢静夫『醜形恐怖』マガジンハウス、一九九七年
まつばらけい・わたなべゆうこ『なぜ婦人科にかかりにくいの？』築地書館、二〇〇一年
上坊敏子『女医さんシリーズ　子宮ガン』主婦の友社、一九九七年
柄川昭彦「抗がん剤治療を外来で！　1～7」『月刊がん　もっといい日』二〇〇一年四月号～一一月号所収
内藤いづみ・鎌田實・高橋卓志『ホスピス　最期の輝きのために』オフィスエム、一九九七年
内藤いづみ『あした野原に出てみよう　在宅ホスピス医のノートから』オフィスエム、一九九七年

◆相談窓口

●REIKO KAZKI

【東京サロン】〒160-0007　東京都新宿区荒木町4-4
森初ビル2F

【大阪サロン】〒530-0002　大阪市北区曽根崎新地1-4-10
銀泉桜橋ビル6F

【名古屋サロン】〒450-0002　名古屋市中村区名駅4-6-23
第3堀内ビル13F

URL＝http://www.kazki.co.jp

〈リハビリメイク予約・問い合わせ〉
TEL.03-3350-6632　　10:00～19:00(月～土)
〈NPO法人フェイシャルセラピスト協会〉
TEL.03-3350-1035　　9:30～17:30(平日)

●「子宮・卵巣がんのサポートグループ　あいあい」

〒156-0044　東京都世田谷区赤堤二郵便局留め
http://selfhelp.cool.ne.jp/
e-mail : aiai@coo.net
TEL.090-1732-7213(21時まで)

リハビリメイク 生きるための技　岩波アクティブ新書 33

2002年7月5日　第1刷発行
2012年1月16日　第7刷発行

著　者　かづきれいこ

発行者　山口昭男

発行所　株式会社 岩波書店
〒101-8002 東京都千代田区一ツ橋 2-5-5
案内 03-5210-4000　販売部 03-5210-4111
編集部 03-5210-4421
http://www.iwanami.co.jp/

本文・カバー印刷／製本　法令印刷

ISBN 4-00-700033-6　　Printed in Japan

岩波アクティブ新書の発足に際して

先行き不透明な時代です。経済の行く先を予測することはむずかしく、今の生活スタイルをいつまで続けられるのか不安です。若い人にとっては、就職し定年まで勤め上げるというイメージはもちにくくなる一方、定年を迎える人には、その後の長い人生設計が切実な問題となっています。環境問題はさらに深刻化し、健康に不安を抱えている人も多いことでしょう。

生活スタイルが個性的になり、価値観も多様化しています。そのため人間関係が複雑になり、世代間ではもちろん、世代の内部でも、コミュニケーションがむずかしくなっています。家族との接し方もこれまでどおりにはいかないでしょう。

世の中に情報はあふれ、インターネットなどを使えば、直面している問題を解決するてがかりを探し出すことは容易です。しかしいま必要なのは断片的な情報ではなく、実際に試しながら繰り返し頼りにできる情報です。現代人の生活の知恵ともいうべき知識です。メディアは多様化していますが、そのような手応えのある知識を得るために、書物は依然として強力なメディアです。

私たちは、みなさんが毎日の生活をより充実した楽しいものにされることを期待して、ここに岩波アクティブ新書を創刊いたします。この新書によって、新しい試みに挑戦し、自らの可能性を広げてくださることを望みます。そして、この新書が、身のまわりの小さな変化を手始めに、社会を少しでも住みよくしていく力となるなら、これにまさる喜びはありません。

（二〇〇二年一月）